María Virginia Morales

De la cocina a la plaza

AF156414

María Virginia Morales

De la cocina a la plaza

La categoría "madre" en el discurso de las madres de Plaza de Mayo

PUBLICACIONES UNIVERSITARIAS ARGENTINAS

Impresión
Informacion bibliografica publicada por Deutsche Nationalbibliothek: La Deutsche Nationalbibliothek enumera esa publicacion en Deutsche Nationalbibliografie; datos bibliograficos detallados estan disponibles en Internet en http://dnb.d-nb.de.

Imagen de portada: www.ingimage.com

Editor: PUBLICACIONES UNIVERSITARIAS ARGENTINAS es una marca comercial de Südwestdeutscher Verlag für Hochschulschriften GmbH & Co. KG
Heinrich-Böcking-Str. 6-8, 66121 Saarbrücken, Alemania
Teléfono +49 681 3720-271-1, Fax +49 681 3720-271-0
Correo Electronico: info@svh-verlag.de

Publicado en Alemania
Schaltungsdienst Lange o.H.G., Berlin, Books on Demand GmbH, Norderstedt, Reha GmbH, Saarbrücken, Amazon Distribution GmbH, Leipzig
ISBN: 978-3-8454-6039-0

Imprint (only for USA, GB)
Bibliographic information published by the Deutsche Nationalbibliothek: The Deutsche Nationalbibliothek lists this publication in the Deutsche Nationalbibliografie; detailed bibliographic data are available in the Internet at http://dnb.d-nb.de.

Cover image: www.ingimage.com

Publisher: PUBLICACIONES UNIVERSITARIAS ARGENTINAS
is an imprint of the publishing house
Südwestdeutscher Verlag für Hochschulschriften GmbH & Co. KG
Heinrich-Böcking-Str. 6-8, 66121 Saarbrücken, Germany
Phone +49 681 3720-271-1, Fax +49 681 3720-271-0
Email: info@svh-verlag.de

Printed in the U.S.A.
Printed in the U.K. by (see last page)
ISBN: 978-3-8454-6039-0

DE LA COCINA A LA PLAZA

La categoría "madre" en el discurso de las
Madres de Plaza de Mayo y su repercusión
en la esfera de lo político

María Virginia Morales

COLECCIÓN

PRIMEROS PASOS

Muchas han sido las personas que han estado presentes durante todos estos años. Profesores, compañeros de estudio, amigos y familiares. A todos ellos, mi más sincero agradecimiento porque, de un modo u otro, cada uno ha colaborado para que hoy este libro esté concluido.

Pero hay algunas personas a las que me gustaría agradecer de manera especial. Ante todo a mi director de Trabajo Final de Grado, el Dr. Eduardo Mattio, que con su permanente guía intelectual, dedicación, compromiso y confianza hizo de este trabajo una verdadera experiencia de aprendizaje y reflexión.

Le agradezco también a mis amigas, Ariana y Mercedes, por su comprensión, optimismo y sus constantes incentivos para finalizar y continuar.

Por último, quisiera dedicar este trabajo a tres personas muy importantes. A Julia, que impulsó el comienzo; a Nicolás, que me acompañó en el final; y muy especialmente a mi mamá, que con su amor y paciencia fue el principal soporte durante todos estos años de estudio.

ÍNDICE GENERAL

PRÓLOGO

De la cocina a la plaza, el primer libro de Virginia Morales, no sólo resulta de interés para quien quiera comprender desde "otro lugar" ese fenómeno prodigioso de la historia política reciente que es la Asociación Madres de Plaza de Mayo (MPM), sino también un verdadero estímulo para seguir esclareciendo ciertos procesos sociales de lo que Walter Benjamin denominó el "tiempo-ahora". Desde una perspectiva que evade conscientemente los lugares comunes de la crónica y del testimonio, Virginia ofrece una reconstrucción penetrante y lúcida de la paulatina resignificación del término "madre" en el discurso de las MPM que resulta valiosa, a mi juicio, por tres motivos fundamentales.

En primer lugar, el esfuerzo teórico que subyace al trabajo de Virginia nos sugiere repensar las tareas de la Universidad pública, en general, y de los teóricos sociales y políticos, en particular. Pese a que en su contenido esta investigación se aboca a un tema y a una metodología muy específicos, en conjunto da cuenta de un interés político que a menudo se ausenta de los claustros universitarios. En un encuadre político-académico en el que la creciente profesionalización de nuestras disciplinas y una aséptica perspectiva del intérprete o del observador nos sustraen de nuestras obligaciones públicas, *De la cocina a la plaza* esclarece con acierto un capítulo fundamental de nuestra historia política reciente. Tal comprensión no tiene un mero valor intelectual —lo cual no es poco cuando nuestra indigencia académica está lejos de ser reparada—, sino que presupone una intervención precisa y necesaria en el campo intelectual local. En un momento histórico-político en el que aún no han sido juzgados plenamente los crímenes de lesa humanidad que se perpetraron en la última dictadura militar —el objeto de la lucha de las MPM— y en el que no faltan algunas voces disonantes que invitan a falsas reconciliaciones o a olvidos no menos aberrantes, en un enclave semejante, es muy oportuno que se publique un libro de estas características. Con ello, reitero, no sólo se hace conocer la actividad intelectual de un establecimiento universitario —tarea por demás loable—; también se toma posición en un debate que, lejos de culminar, aún debe sostenerse con inteligencia, imaginación y valentía.

En segundo término, el trabajo de Virginia da cuenta de otro aspecto hoy fundamental en el marco de las teorías políticas posfundacionales. En efecto, su investigación no debería ser meramente leída como una reconstrucción crítico-narrativa de las modificaciones de un determinado significante —en este caso, la categoría "madre"— y de las consecuencias políticas que aquéllas conllevan. Sin lugar a dudas, ése es uno de los objetivos del trabajo. Allende tales propósitos, esta investigación merece otra lectura mucho más interesante. En la medida que exhibe la inestabilidad propia del lenguaje, en particular, la del vocabulario político, esta indagación acerca del discurso de las MPM habla también de otras batallas semánticas que acontecen en el momento presente, luchas en las que todos los ciudadanos (sobre todo los universitarios) no podemos ser meros espectadores. Si el discurso, tal como se plantea desde una perspectiva postestructuralista, está abierto a una continua resignificación, si su sentido apenas se sujeta a clausuras parciales y provisionales, es claro entonces que tal contingencia de los vocabularios no presupone una inestabilidad *pretérita*, objeto de una reconstrucción restrospectiva, sino también una alterabilidad *presente* sobre la que no sólo es posible, sino que es necesario intervenir. Esta condición contingente de los significados del discurso (político) —su sujeción a un contexto *per se* conflictivo y a un futuro impredecible— nos devuelve a los intelectuales la conciencia de las mutaciones que han sufrido los discursos, por la acción de diversos actores sociales y políticos, pero también de una saludable desacralización del lenguaje, abierto por ello a una elaboración democrática sin término. En tal caso, dado que el lenguaje está subordinado a desplazamientos sin término, muchas veces impensados, una tarea precisa de los intelectuales es la de contribuir a la revisión crítica y a la elaboración utópica de nuevos vocabularios, y con ello, a la edificación de nuevos escenarios de confrontación política donde la palabra circule y sus significados estén sujetos a la determinación democrática.

Por último, la autora "le pone el cuerpo" a una categoría fundamental para muchas discusiones políticas y éticas, cara al feminismo y a los estudios de género: el significante "madre".

Aludiendo a la sana alteración que dicho término sufrió con ocasión de la militancia de las MPM durante la última dictadura militar y la consolidación de la democracia, en concreto, su sustracción de la esfera doméstica —la cocina—, su consecuente politización —la plaza— y sus resignificaciones cada vez más incluyentes, Virginia ha puesto en evidencia cuánto ha colaborado el trabajo de las Madres no sólo en favor de la lucha por los derechos humanos en la Argentina, sino también respecto de la emancipación del colectivo de las mujeres en toda la región. Sin lugar a dudas, "madre" ya no puede declinarse del mismo modo en la retórica política tras la experiencia de las MPM. Por tal motivo, este libro nos invita a percibir críticamente el desplazamiento iniciado por las Madres respecto de aquellas ontologías maternalistas en las que descansa no sólo el discurso de las derechas religiosas y seculares vernáculas, sino también ciertos feminismos de dudoso talante emancipatorio. En ese sentido, el testimonio y el magisterio de las Madres es un excelente ejemplo de que "lo personal es político". En continuidad con ello, y en el marco de la lucha por los derechos sexuales y reproductivos, las reflexiones de Virginia acerca del lenguaje de las MPM nos animan a imaginar nuevas formas de pensar términos tales como "mujer", "madre" y "familia", nociones que son capitales en debates como la legalización del aborto legal, seguro y gratuito, o en la reciente sanción de la ley de matrimonio igualitario y el correlativo reconocimiento de "otras" familias otrora invisibilizadas, entre tantos otros debates insólitamente evadidos en la deliberación política nacional.

Por todo esto, y por las innumerables sugerencias que otros lectores y lectoras encontrarán en sus páginas, este libro merece una atenta lectura y una rigurosa discusión. Nada menos se merece la generosa contribución de Virginia a la necesaria construcción de nuestra memoria común.

Eduardo Mattio

Córdoba, julio de 2010

INTRODUCCIÓN

La conformación de identidades políticas y su vínculo con el estudio del lenguaje desempeñan un papel protagónico en las teorías post-estructuralistas y post-feministas. En gran parte, estos estudios se abocan tanto a cuestiones ontológicas como a investigaciones empíricas. Entre estas últimas se encuentran importantes análisis inspirados en nuestro país, en sus colectivos, acontecimientos y en las diferentes luchas y problemáticas que se han ido sucediendo durante la dictadura militar y sus posteriores años de democracia. Este libro pretende enmarcarse en esta línea de investigación, tomando como eje el análisis del discurso de la Asociación Madres de Plaza de Mayo durante el período comprendido entre los años 1976 y 2001.

Si bien son muchas las páginas que los estudios políticos y sociales han dedicado a las Madres de Plaza de Mayo, a su trayectoria y a sus acciones, a los 30.000 desaparecidos, a las violaciones de los Derechos Humanos y a sus máximos defensores, etc.; considero de gran importancia retomar el estudio de las Madres desde una perspectiva post-estructuralista y post-feminista en tanto que la mayor parte de las obras bibliográficas acerca de dicha Asociación es de carácter descriptivo y juridicista. Es decir, múltiples producciones académicas abordan como temática la historia de las Madres llegando a describir acabadamente su nacimiento, desarrollo, trayectoria y acciones desde un marco predominantemente jurídico y esencialista. Es necesario estudiar a las Madres en intersección con posturas teóricas que permitan avanzar sobre las obras bibliográficas existentes.

Por lo dicho, el presente libro tiene como objetivo 1) reconstruir la paulatina resignificación de la categoría "madre" en el discurso de las Madres de Plaza de Mayo, y 2) analizar las consecuencias que trajo aparejada dicha resignificación en el dominio de lo político, particularmente, en la distinción público/privado. Esto es, entendemos aquí que las Madres se constituyen en un movimiento de particular importancia en la conformación de los procesos hegemónicos de la formación política Argentina dictatorial y post-dictatorial. Su discurso, sus conceptos y sus acciones se han ido significando y resignificando a lo largo de su lucha y han actuado, a su vez, en sobredeterminación con los demás discursos de la época.

Desde el año 1983 se da por finalizado en la Argentina el Proceso de Reorganización Nacional con lo cual no sólo se restablecen las garantías constitucionales y la forma de Estado republicana, representativa y federal, sino que se restaura el régimen político democrático. Desde entonces, ha prevalecido durante las décadas del '80 y '90 una forma de gobierno basada en el sistema de partidos con elecciones libres y periódicas, sumado a una estructura económica de libre mercado y un modo de vida social que se articula en torno al respeto de las libertades individuales y el reconocimiento de los Derechos Humanos. Así, diversas organizaciones y movimientos comenzaron a proliferar en la escena pública luchando por la eliminación de la brutalidad policial y la represión institucional, la finalización de la opresión aborígen, la igualdad entre el hombre y la mujer, la defensa de los consumidores, la libertad de prensa y expresión, el respeto por las minorías sexo-genéricas y la diversidad cultural, entre otros. No obstante, la mayoría de los organismos no gubernamentales de Derechos Humanos argentinos nacieron durante los últimos años de la dictadura militar como órganos de denuncia a las violaciones cometidas por el gobierno y de apoyo a familiares y víctimas. Una vez llegada la democracia, los organismos se embarcaron a luchar por la Verdad y la Justicia, tarea que continúa hasta el día de hoy.

Son los años de la dictadura militar los que atestiguan la constitución de uno de los movimientos políticos de nuestro país conformado por mujeres que luchan por la defensa y el reconocimiento de los Derechos Humanos de mayor trascendencia a nivel nacional e internacional, a saber, las Madres de Plaza de Mayo. Se trata de mujeres argentinas, en su mayoría amas de casa y sin vinculación con el ámbito político e institucional, que emprendieron su lucha exaltando su condición de mujeres con un discurso y accionar marcados por el género. Se trata de madres de desaparecidos cansadas de recorrer diversos organismos de forma solitaria en busca de información acerca del paradero de sus hijos, que comienzan a reunirse, desde principios de 1977, en la Plaza de Mayo todos los jueves por la siesta. Pocas en un principio, su número fue aumentando semana tras semana como así también la represión estatal. A partir de su creciente difusión y convencidas de continuar buscando a los desaparecidos, el 22 de agosto de 1979, deciden conformar la Asociación Madres de Plaza de Mayo, lo cual llevó a constituirlas, con sus progresivos y continuos reclamos, en un movimiento político que no sólo fue imposible de eludir por parte del gobierno, sino que además irrumpió en la escena política politizando la maternidad y produciendo un desplazamiento de la línea divisoria entre lo público y lo privado.[1] En otras palabras, una de las particularidades que llevó a la lucha de las Madres a adquirir las dimensiones hoy reconocidas, radica en la resignificación de la categoría "madre" que dichas mujeres llevaron adelante. Éstas cuestionaron los roles y funciones a los cuales socialmente estaban destinadas, lo que generó así una nueva articulación entre lo familiar, lo social y lo político de modo tal que un fenómeno político, como la desaparición de las personas y las violaciones a los Derechos Humanos durante los años de la dictadura militar, no encontró respuesta alguna en las débiles y desordenadas organizaciones y fuerzas políticas existentes por aquel entonces. La respuesta emergió en las relaciones de familia, en las mujeres, en las madres, en el ámbito privado, llegando a desafiar toda predicción por parte del gobierno de facto.

Una vez llegada la democracia, la presencia de las Madres en la escena política comenzó a cobrar mayor fuerza. Tales fueron sus acciones que pronto iniciaron un proceso por el cual articularon una política de la resistencia contra toda opresión e injusticia,

---

[1] La distinción público/privado no tiene un significado único. Dependiendo del momento histórico y del contexto en el que esta distinción es enunciada, es susceptible de adquirir diferentes significados. En su ensayo "Público-Privado", Nora Rabotnikof señala tres criterios de significación que tradicionalmente se asocian a la distinción público/privado. El primero de ellos se refiere a lo colectivo/individual, identificando lo público con lo común -lo colectivo- a toda la comunidad por oposición a lo privado o de interés individual. El segundo criterio hace referencia a la visibilidad/ocultamiento, es decir, lo manifiesto -lo público- y lo secreto -lo privado-. Finalmente, el tercer criterio es el de la apertura/clausura. Aquí lo público designa lo abierto a todos mientras que lo privado carece de esta cualidad. Para un mayor desarrollo del tema ver: RABOTNIKOF, N., "Público-Privado", *Debate Feminista*, año 9, vol. 18, México, octubre 1998. En nuestro trabajo el lector no encontrará un análisis detallado de cada uno de estos criterios, sino que más bien al referirnos a la distinción público/privado estaremos haciendo alusión implícita a todo ellos.

en la cual la categoría "madre" fue fundamental en la conformación de un discurso capaz de disputar significaciones de sentido al poder político de turno. De este modo, durante las presidencias de Alfonsín, Menem y De la Rúa, las Madres de Plaza de Mayo se asumieron como las Madres del Pueblo y como tales se hicieron presentes en diversos reclamos por educación, trabajo, salud, redistribución de la riqueza, justicia social, etc. reuniendo en un discurso común a un conjunto diverso de demandas particulares que dio lugar a un proyecto político capaz de disputar la hegemonía del orden existente.

La Teoría del Discurso se centra en la idea de que todos los objetos y prácticas tienen un significado, siendo estos significados contextuales, relacionales y contingentes. Además, a partir de una concepción discursiva de lo social, sostiene que todas las prácticas con sentido dependen de exteriores discursivos que al tiempo que constituyen parcialmente dichos órdenes, potencialmente los subvierten.[2] Esto es, todo discurso implica una construcción y reconstrucción de su propio referente. Por lo tanto, al abordar el estudio del lenguaje corremos el riesgo de tomar las palabras en su acepción sumaria más reciente, cuando en realidad es importante analizar la temporalidad de los términos, las reapropiaciones a los que han sido sometidos y las resignificaciones de las que han sido objeto. Lo que importa comprender es el carácter performativo de los enunciados; esto es, la capacidad del discurso de producir los efectos que nombra, hacer posibles nuevas configuraciones y rearticular prácticas sedimentadas. En síntesis, el campo de lo discursivo es un requisito indispensable para entender "lo político" como un espacio de poder, conflicto y antagonismo.[3]

---

[2] HOWARTH, David, "Aplicando la Teoría del Discurso: el método de la Articulación", *Revista Studia Politicae*, Nº 6, Universidad Católica de Córdoba, 2005, pág. 39.

[3] Al hablar de "política", los autores de la Teoría del Discurso realizan una distinción analítica entre "la política" y "lo político", diferenciación que será crucial para el desarrollo de nuestro trabajo. Con la primera hacen referencia a las prácticas e instituciones que crean un determinado orden. "La política" se sitúa en un nivel óntico y por esto se vincula directamente con las prácticas de la política convencional. Por el contrario, "lo político" se sitúa en el nivel ontológico y se refiere a la dimensión de antagonismo constitutivo de todo orden social. "Lo político" se relaciona con el modo en que se instituye la sociedad.

Respecto a ello, también resulta de crucial importancia el concepto de *hegemonía*. La misma presupone la existencia de un campo social cruzado por antagonismos y la disponibilidad de elementos ideológicos contingentes que pueden articularse por medio de proyectos políticos opuestos que pujan por conferirles significado. Junto a este concepto, la noción de antagonismo también resulta clave para comprender las problemáticas de cualquier orden social. En este sentido, asumir al antagonismo como constitutivo de toda sociedad, aceptar la ausencia de un fundamento último y reconocer la dimensión de indecidibilidad que domina a todo orden, son algunas de las principales nociones desde las que cuales la Teoría del Discurso comienza a analizar a las sociedades humanas.

En consecuencia, dicha teoría entiende al campo de lo social como un espacio abierto de relaciones de poder y antagonismos. Los límites de lo inteligible están contingentemente suturados por la producción de un exterior constitutivo que pone en evidencia la estabilización precaria de todo orden y toda identidad. Por lo tanto, bajo esta concepción, los significados que dan sentido a las sociedades tienen la posibilidad de articularse y rearticularse por su propia incompletud y apertura.

En síntesis, la Teoría del Discurso nos brinda un marco propicio para alcanzar nuestros objetivos ya que nos permitirá comprender de un modo *político* el momento de conformación y los posteriores años de desarrollo de las Madres de Plaza de Mayo.

Además, es importante destacar que la teoría en cuestión entiende por discurso no sólo el lenguaje escrito o hablado, sino toda acción portadora de sentido. Un discurso es una totalidad significativa, en la cual tanto los actos lingüísticos como los no lingüísticos adquieren significación, siendo susceptibles, en consecuencia, de ser analizados como textos. En tal caso, la Teoría del Discurso nos permite abordar no sólo las palabras de las Madres como texto, sino también todas las demás acciones que componen su lucha.

Entendemos por discurso de las Madres de Plaza de Mayo, entonces, todas aquellas acciones portadoras de sentido, ya sean lingüísticas o extra-lingüísticas, mediante las cuales estas mujeres

conformaron su identidad y formaron parte de los procesos hegemónicos de formación de la política argentina durante el período
comprendido entre los años 1976 y 2001.[4]

A los fines expuestos, se ha decidido estructurar el presente libro
en tres capítulos de análisis y una conclusión final.

El Capítulo I está dedicado a introducir al lector en las categorías teóricas mediante las cuales, posteriormente, se abordará el
análisis del discurso de las Madres de Plaza de Mayo. El desarrollo
conceptual de términos tales como: lenguaje, performatividad,
sujeto, identidad –entre otros– nos permitirá exponer los supuestos sobre los cuales realizaremos nuestro análisis. De este modo,
proponemos en el presente capítulo repensar la categoría "madre" en función de uno de los lugares a los que pareciera estar
destinada, esto es, la *cocina*.

En el Capítulo II nos detendremos en el análisis del primer momento discursivo de las Madres de Plaza de Mayo, situado tem-
poralmente entre los años 1976 y 1978. Durante este período, las
Madres emergerán como colectivo producto de salir de sus cocinas
para buscar a sus hijos desaparecidos. Serán años de disputa con
la dictadura militar en los que estas mujeres se convertirán en un
movimiento político que irrumpe en el ámbito público para disputar la calle al gobierno; como así también los significados de los
términos y los lugares asignados dentro de la división público/pri-
vado. Aquí la Plaza se incorpora como un elemento de análisis que
nos permitirá detenernos en el primer momento de resignificación
de la categoría "madre".

Finalmente, el Capítulo III se centra en el momento de consolidación e institucionalización de las Madres de Plaza de Mayo. Un
segundo momento discursivo que se inicia en el año '78 y comienza
a encontrar su finalización en la crisis de 2001. En el transcurso de
estos años, la resignificación de la categoría "madre" se profundiza dejando lugar a la redefinición de los objetivos de lucha del

---

[4] En el año 1986, se produce una escisión al interior del movimiento de las Madres, que
queda formado por dos grupos, la Asociación Madres de Plaza de Mayo y Madres de Plaza
de Mayo Línea Fundadora. A los fines de nuestro trabajo sólo nos dedicaremos al análisis
del primer grupo.

movimiento de las Madres y al comienzo de un proceso de vaciamiento de su propia identidad que termina por conferirles una mayor capacidad de articular otras demandas. Todas estas cuestiones terminarán por convertir a las Madres de Plaza de Mayo en un sitio de oposición y resistencia al orden vigente en aquel entonces.

En síntesis, el presente libro se propone un recorrido que inicia en las acciones de las Madres de Plaza de Mayo, continúa en los desplazamientos de dos categorías sedimentadas en la sociedad –y centrales para su constitución– como son "mujer" y "madre", y finaliza en la resignificación de los límites de lo social con la consecuente puesta en evidencia de la disputa política que implica definir los fundamentos contingentes de los sentidos sobre los cuales se fundan los órdenes en que vivimos.

CAPÍTULO 1
Madre... ¿en la cocina?

"Esa voz que vuelve y que nadie podrá quebrar
de ninguna forma disuelve los límites y
es el encuentro con el otro, irrumpe en la vida,
transformándola de tal modo que nunca será la misma".[1]

Realizar un análisis del discurso de las Madres de Plaza de Mayo
significa realizar una lectura en la que la búsqueda de continui-
dades, rupturas, paradojas y aporías propias del discurso será
nuestra guía a lo largo del trabajo.

Analizar la resignificación de la categoría "madre" y las consecuencias que dicha resignificación trajo aparejada en el ámbito de lo político, implica abordar el discurso de las Madres
mediante una lectura significada por conceptos teóricos. Por
lo tanto, la primera consecuencia que se desprende de los objetivos propuestos es la delimitación del campo conceptual propuesto. Siempre con la Teoría del Discurso como herramienta de
análisis principal, este capítulo tiene como propósito introducir
al lector a las categorías teóricas con las que, posteriormente,
procederemos a analizar dicho discurso.

De este modo, lejos de reproducir en su totalidad el pensamiento de cada uno de los autores que en las siguientes páginas
iremos mencionando, proponemos aquí articular un marco conceptual a partir de categorías claves de análisis, tales como:
lenguaje, performatividad, sujeto, nominación, identidad, entre otras. Si bien existen puntos de diferencias entre los autores
que se trabajarán, consideramos que todos ellos comparten una
concepción discursiva de lo social en la cual las identidades –y
el lenguaje mismo– se constituyen de manera contingente, mediante necesarias exclusiones y disputas de poder.

Ahora bien, un segundo punto que se desprende de nuestros
objetivos tiene que ver, además, con el título del libro. *De la
cocina a la Plaza*, supone que un grupo de sujetos —que en

---

1 QUIROGA, Jorge, Prefacio. "Historia de las Madres. Las Madres en primera persona",
Conferencia pronunciada por Hebe de Bonafini, Presidenta de la Asociación Madres de Plaza de Mayo, el 6 de julio de 1988 en la ciudad de Buenos Aires. Dirección URL: http://www.
madres.org/asp/contenido.asp?clave=2373 [Consulta: 14 de octubre de 2008].

adelante denominaremos "madres"— protagonizan un proceso por el cual subvierten el orden social y se movilizan desde una posición hacia otra, esto es, *de la cocina a la Plaza*. Pero, ¿ello implica sostener que el lugar de las "madres" es la *cocina*? Este grupo de sujetos, ¿se constituye en "madres" en el ámbito de la *cocina*? ¿Hay una relación de igualdad entre el ser "madre" y ocupar la *cocina*? ¿Se es "madre" en la *cocina*? ¿A qué nos referimos cuando afirmamos que este grupo de mujeres antes de llegar a la Plaza ocupó el ámbito de la *cocina*?

En pocas palabras, el capítulo I tiene la doble finalidad de desarrollar un marco conceptual desde el cual nos sea posible abordar el discurso de las Madres de Plaza de Mayo, a la vez que problematizar los supuestos sobre los cuales iniciamos nuestro camino de análisis.

EL LENGUAJE: PODER PERFORMATIVO E HISTORICIDAD

La filósofa política y posfeminista Judith Butler nos advierte en el capítulo VIII de su libro *Cuerpos que importan,* que al abordar el estudio del lenguaje corremos el riesgo de tomar las palabras en su acepción sumaria más reciente, cuando en realidad es importante analizar la temporalidad de los términos, las reapropiaciones a los que han sido sometidos y las resignificaciones de las que han sido objeto. Lo que importa comprender, nos dice la autora, es el carácter performativo[2] de los enunciados; esto es, la capacidad del discurso de producir los efectos que nombra conjuntamente con la colocación de ciertos cuerpos en los límites de las ontologías accesibles. Por lo tanto, comenzar a estudiar el lenguaje implica comprender,

---

[2] Judith Butler basa su "teoría de la performatividad" en la "teoría de los actos de habla" de John Austin, quien, en el marco de una filosofía del lenguaje ordinario, distinguió entre emisiones constatativas y emisiones realizativas. Estas últimas, son actos de habla en los cuales decir algo equivale a hacer algo. Butler retoma las emisiones realizativas *(1)* por su capacidad de producir efectos y consecuencias en los pensamientos, sentimientos y acciones de uno mismo o de otros; *(2)* por la fuerza o poder que éstas tienen sobre otros individuos y sobre el mismo emisor; y *(3)* por su capacidad de producir cambios y transformaciones. Para un mayor desarrollo de la teoría de los actos de habla ver AUSTIN, John, *Cómo hacer cosas con palabras*, Barcelona, Paidós, 1982.

ante todo, su dimensión performativa, o más concretamente qué significa que ciertos actos de habla al ser emitidos tengan la fuerza de realizar la acción que nombran generando un nuevo estado de cosas. En función de nuestros propósitos detengámonos por un momento en este importante punto.

Los actos performativos son formas del habla que autorizan emisiones que realizan una acción y a la vez otorgan a esa acción un poder vinculante que se establece y produce a través de la cita de una emisión previa autorizante. Todo acto termina por referirse a actos anteriores que funcionan como una cadena de citas. De modo tal que es en la fuerza citacional del lenguaje en la cual debemos buscar la capacidad del discurso de producir los efectos que nombra. En palabras de Butler,

> La performatividad no es un acto singular, porque siempre es la reiteración de una norma o un conjunto de normas y, en la medida en que adquiera condición de acto en el presente, oculta o disimula las convenciones de las que es una repetición.[3]

Respecto a este fragmento, resulta importante destacar que los actos performativos no cobran vida en virtud del poder de un sujeto o de su voluntad, sino que, por el contrario, el poder es siempre derivativo, es a través de la cita como se produce y establece la fuerza de la voluntad y la autoridad del sujeto responsable de pronunciar una oración que inevitablemente producirá un efecto sobre el discurso y el estado de cosas. He aquí cuando llega el momento en el que el acto de habla del juez hace derivar su poder vinculante de la apelación a la cita: "Yo os declaro marido y mujer". El juez necesariamente cita la ley que aplica y es puntualmente el poder de la cita lo que confiere a la expresión performativa la fuerza de conferir el nuevo estado de matrimonio con todos los efectos que ello produce sobre el yo y sobre lo social, lo político, lo económico, lo cultural, etc. Al hablar de performatividad del lenguaje, estamos diciendo que cuando un actor habla -en nuestro ejemplo el juez-, está realizando una acción -declarar en matrimonio a dos sujetos-,

---

[3] BUTLER, Judith, *Cuerpos que importan. Sobre los límites materiales y discursivos del "sexo"*, Buenos Aires, Paidós, 2005, pág. 34.

que adquiere su fuerza y legitimidad a partir de la reiteración de una norma. En este proceso citacional, no hay acción que se reduzca a expresar o hacer presente con palabras alguna otra acción o estado de cosas que está "en otro lugar", sino que hablando realiza una serie de acciones que, como efecto, inauguran distintos estados de cosas. La perspectiva conceptual desarrollada por Judith Butler de ninguna manera adhiere a las concepciones representacionalistas del lenguaje, más bien se constituye en una decisiva oposición a ellas.

Ahora bien, la performatividad del lenguaje no sólo se asocia a su fuerza citacional, sino que también la iterabilidad[4] es condición necesaria para que los enunciados tengan la capacidad performativa de producir los efectos que nombran ya que el acto a partir del cual un nombre autoriza o desautoriza determinados roles y relaciones es siempre y necesariamente una repetición. Pero no una mera repetición de lo mismo, sino una repetición que va siempre y necesariamente acompañada de una alteración que logra el efecto provisorio de una expresión performativa. Una "acción repite como un eco otras acciones anteriores y acumula la fuerza de la autoridad mediante la repetición o la cita de un conjunto anterior de prácticas autorizantes"[5] que van más allá de toda intención del sujeto emisor del acto de habla y que, mediante su repetición, se convierten en prácticas arraigadas y, a la larga, en instituciones.

Tal como lo hemos expresado hasta aquí, el lenguaje, entendido por Butler, como un campo de significación en perpetua transformación, no es más que un conjunto de reglas que tiene como naturaleza los mismos usos discursivos, a partir de su reiteración y desplazamiento. Todo acto de habla lleva implícito, como condición de posibilidad de la realización de los efectos

---

[4] "Iterabilidad" es un concepto fuertemente trabajado por el post-estructuralista francés Jacques Derrida y formulado en respuesta a la teorización de los actos de habla de J. L. Austin y de John Searle. Hace referencia a que en todo acto de repetición encontramos reiteración y alteración al mismo tiempo. El concepto de iterabilidad "implica que todo acto es en sí mismo una recitación, la cita de una cadena previa de actos que están implícitos en un acto presente y que permanentemente le quitan a todo acto 'presente' su condición de 'actualidad'", Ibídem, pág. 29.

[5] Ibidem, pág. 318.

performativos, una apelación a la cita en donde la reiteración es desplazada, otorgando a cada acto de habla su singularidad y brindándole la posibilidad de decir algo nuevo. Destaquemos, entonces, que en cada acto de enunciación además de ser reiterado, el lenguaje es actualizado y renovado. De este modo,

la iteración como proceso de repetición, conlleva desplazamientos no intencionales continuos y contingentes. La acumulación de estos desplazamientos puede consolidarse y estabilizarse o agotarse, pero lleva a la transformación y al cambio. La repetición puede ser involuntaria o depender de la reiteración a fin de influir en las convenciones. Ambas tienen éxito impredecible y contingente.[6]

Por lo tanto, las consideraciones de Butler dejan lugar para pensar las condiciones de posibilidad de una transformación social, pero a su vez nos percatan que ésta siempre estará sujeta a su contexto de enunciación. Toda pretensión de reproducción total del orden social será incompleta en la medida en que necesariamente habrá alguna transformación producto de los efectos performativos. Sin embargo, todo intento de transformación social, por más radical que sea, no podrá deshacerse por completo de las prácticas cristalizadas en el lenguaje y las normas ya instituidas. Reiteramos: repetición y desplazamiento son partes de un mismo proceso. La singularidad de cada enunciado lleva consigo, como condición de su propia posibilidad, el eco de la cadena de citas que le da su fuerza performativa.

La categoría "queer"[7] es, según Butler, una de las experiencias más significativas a la hora de analizar la performatividad del lenguaje. Dicho término ha sido utilizado desde un principio

---

[6] FEMENÍAS, María Luisa, *Judith Butler: Una introducción a su lectura*, Buenos Aires, Catálogos, 2003, pág. 121.

[7] Se apela al término "queer" en la lengua inglesa como definición de "raro". Esto ha llevado con el transcurrir de los años a la asociación de dicho término con otros significados tales como "excéntrico", "desviado" y hasta en algunas oportunidades "sospechoso". La normativa heterosexual se ha apropiado de dicho término desplazándolo hacia significaciones que vienen a nominar a una sexualidad patológica, "rara" o bien "desviada" de dicha matriz heterosexual. Así, la categoría "queer" comenzó a ser empleada con el fin de degradar a quienes nombraba transformando al usuario del término en el emblema y el vehículo de la normalización. En palabras de Butler, "pronunciar esa palabra -"queer"- constituía la regulación discursiva de los límites de la legitimidad sexual". BUTLER, Judith, *Op. cit.*, pág. 313.

para humillar, degradar y avergonzar a los sujetos que nombra. No obstante, esta palabra ha sido reapropiada por los propios sujetos a los cuales nominaba, colocándolos fuera de los esquemas de inteligibilidad disponibles, hasta adquirir nuevas significaciones afirmativas. ¿Cómo ha sido esto posible? Simplemente porque las reiteraciones nunca son meras réplicas de lo mismo. El término *"queer"*, tradicionalmente empleado para excluir un colectivo abyecto, llegó a convertirse en un sitio, por un lado, de oposición colectiva y de resistencia que ha abierto nuevas posibilidades de articulación entre grupos excluidos por la matriz heterosexual imperante en nuestra sociedad y, por el otro, de resignificación social y política del término, demostrando que todo enunciado performativo puede funcionar en contextos distintos adquiriendo significados diferentes y rompiendo con su contexto original de producción y enunciación. De este modo, la movilización de las categorías dentro del lenguaje se caracterizará por las propias inestabilidades que estas producen y rechazan. Es decir,

> Aunque los discursos políticos que movilizan las categorías de identidad tienden a cultivar las identificaciones a favor de un objetivo político, puede ocurrir que la persistencia de la desidentificación sea igualmente esencial para la rearticulación de la competencia democrática. En realidad, es posible que tanto la política feminista como la política queer se movilicen precisamente a través de prácticas que destacan la desidentificación con aquellas normas reguladoras mediante las cuales se materializa la diferencia sexual. Tales desidentificaciones colectivas pueden facilitar una reconceptualización de cuáles son los cuerpos que importan y qué cuerpos habrán de surgir aún como materia crítica de interés.[8]

Lo dicho nos lleva a considerar que la propuesta de Butler apela a un proceso que se da en el tiempo. Las palabras tienen una historia.[9] Una historia que las constituye, que las precede y las condiciona en sus usos contemporáneos y también futuros,

---

[8] Ibidem, pág. 21.

[9] En este punto, Judith Butler hace hincapié en que si bien los discursos están insertos en diferentes contextos históricos, son ellos mismos los que tiene su propio carácter histórico constitutivo. Al respecto continúa diciendo: "Historicidad es un término que implica directamente el carácter constitutivo de la historia en la práctica discursiva, es decir, una

porque que la reiteración sea necesaria significa que los términos nunca están de una vez y para siempre completos. Son las inestabilidades y las posibilidades de reapropiación siempre latentes por el carácter performativo, temporal e iteracional del lenguaje los que marcan un espacio en el cual toda categoría tiene la posibilidad de volverse contra sí misma y producir rearticulaciones que ponen en tela de juicio las normas y significados. La fuerza de los performativos, y la capacidad política y transformadora de las enunciaciones capaces de reinscribir nuevos significados deriva, entonces, de su ruptura con los contextos anteriores y de su capacidad de asumir ilimitadamente otros nuevos. Esto es,

> en virtud de esta misma reiteración se abren brechas y fisuras que representan inestabilidades constitutivas de las construcciones, como aquello que escapa a la norma o que la rebasa, como aquello que no puede definirse ni fijarse completamente mediante la labor repetitiva de la norma. Esta inestabilidad es la posibilidad desconstituyente del proceso mismo de repetición.[10]

Abordar el estudio del lenguaje significa, entonces, analizar la temporalidad de los términos, comprendiendo que es su propia incompletud lo que favorece a la resignificación y el desplazamiento citacional de los significados. Porque sólo resignificando, dando nuevos significados, desviando las normas, ejerciendo la práctica discursiva, un hecho existe, y existe en tanto se dice que "es". En tal caso,

> una expresión performativa "tiene éxito" en la medida en que tenga por sustento y encubra las convenciones constitutivas que la movilizan. En este sentido, ningún término ni declaración puede funcionar performativamente sin la historicidad acumulada y disimulada de su fuerza.[11]

Por lo tanto, los nombres que atribuimos tienen una historia que permite su constante reelaboración. No obstante, nos ad-

---

condición en la que una "práctica" no podría existir independientemente de la sedimentación de las convenciones mediante las cuales se la produce y se la hace legible", Ibidem, pág. 319.

[10] Ibidem, pág. 29.

[11] Ibidem, pág. 319.

vierte Butler de la necesidad de ejercer una vigilancia política permanente, ya que las categorías del lenguaje poseen una
opacidad, que si bien está disimulada en su propia historicidad,
actúa necesariamente como condición de posibilidad e imposibilidad de toda nominación. En consecuencia, las resignificaciones están siempre latentes en el lenguaje, pero los lugares
hacia los cuales se producirán los desplazamientos son siempre
impredecibles, dado que los significados no son más que articulaciones contingentes producto de permanentes disputas y
luchas de poder. La vigilancia política permanente es necesaria
por cuanto las cosas siempre pueden ser de otro modo.

En síntesis, las prácticas discursivas gobiernan nuestras vidas, constituyen las normas y significados y refuerzan, de este
modo, nuestra realidad social. El lenguaje es una estructura
dinámica que da forma al sujeto como así también a los modos
en que ese mismo sujeto se vincula con las prácticas y su experiencia en el mundo. Si se quieren crear las condiciones de
visibilidad para un sujeto diferente, es necesario romper con
la narrativa vigente y bucear en las inestabilidades lingüísticas
para ensayar modos diferentes que den cuenta de operaciones
de resignificación. Porque las identidades de las personas también se modelan y se alteran a través de un tiempo que deja el
espacio suficiente para que a través de la reiteración y la inestabilidad de la repetición se construyan nuevas significaciones y
nuevos emplazamientos de sujeto que derivan en la posibilidad
de transformación social. Ahora bien, ¿cuál es el rol del yo en
el proceso de la constitución histórica de los discursos? ¿En qué
medida el sujeto es parte responsable en la reapropiación que
sufren los términos a lo largo de su trayectoria temporal? En lo
que sigue, trataremos de responder a tales interrogantes.

LA AGENCIA, EL PODER Y LAS PALABRAS

Comenzaremos este punto intentando responder al siguiente
interrogante: si el poder que tiene el discurso para producir

los efectos que nombra está asociado a la cuestión de la performatividad, entonces, ¿de qué manera interviene el poder en
este proceso? A ello, Butler responde del siguiente modo: "La
performatividad es una esfera en la que el poder actúa *como*
discurso".[12] Esto nos indica, en primer lugar, que el poder actúa
repitiendo una emisión anterior y poniendo en obra, a partir
de ello, un acto reiterado cuyo poder descansa en su persistencia y en su inestabilidad. O mejor, no hay ningún poder que
actúe; "sólo hay una actuación reiterada que se hace poder en
virtud de su persistencia e inestabilidad".[13] Segundo, el poder
no se reduce a la voluntad de los sujetos, sino que las relaciones mismas de poder constriñen y constituyen las posibilidades
de la voluntad poniendo en evidencia que el poder sólo puede
ser reformulado subversivamente. Y tercero, el proceso de la
performatividad presupone el poder iterativo del discurso para
producir fenómenos que regulan y constriñen, poniéndose en
evidencia, a partir de esto, que el poder no se localiza en las
convenciones o en la autoridad de un sujeto, sino en su propia
reiteración. De este modo, si efectivamente el poder que tiene
el discurso para producir los efectos que nombra está asociado
a la cuestión de la performatividad, el discurso no es meramente descriptivo sino capaz de interpelar a sujetos que no son
anteriores a este acto sino que cobran vida al ser nombrados.

El poder posee una dimensión paradójica que es necesario tener
en cuenta al momento de explicar la constitución del sujeto.
María Luisa Femenías sostiene en su interpretación de la obra
de Judith Butler que ésta "apela a la vieja estrategia filosófica
de *dividir* al sujeto en dos: uno pasivo (sujeto/sujetado) y otro
activo (agencia/productora)".[14] En el mismo sujeto coexisten
un sujeto pasivo, sujetado a un discurso que nunca ha elegido,
y a la vez, un sujeto activo, que se hace cargo de la capacidad
productiva del poder para instituirse en agencia. Esto es posible
ya que el poder es externo al sujeto, lo subordina, lo regula,
lo conforma en términos de su existencia e incluso lo preserva

[12] Ibidem, pág. 316.
[13] Ibidem, pág. 28.
[14] FEMENÍAS, María Luisa, *Op. cit.*, pág. 120.

y lo hace ser lo que es. Ahora bien, esta sujeción consiste en la dependencia que paradójicamente se convierte en el origen y sostén de su agencia, porque la formación misma del sujeto depende del poder, es decir, el sujeto se produce en la medida en que toma el poder que lo inaugura y se asume como agencia. Es decir,

> Butler parte del sujeto como categoría lingüística, emplazamiento, estructura de formación: el sujeto es la ocasión lingüística para que el individuo alcance y reproduzca la inteligibilidad (el principio de inteligibilidad de la cultura occidental), condición de su existencia y de su agencia. Ningún individuo llega a ser sujeto si no ha estado antes sujetado o ha sufrido la subjetivación.[15]

Por lo tanto, al ser un efecto discursivo,[16] el sujeto emerge en dependencia de un discurso que lo antecede, y que es a la vez lo que posibilita el surgimiento de la singularidad contingente. Las normas reiteradas preexisten y condicionan al sujeto, pero fundamentalmente inauguran una agencia que se asume con capacidad de radicalizar las actuaciones.

Pues bien, ¿qué significa que el sujeto asume el poder? En pocas palabras, asumir el poder es hacerlo propio;

> es reconocer la ruptura que se produce entre subordinación y apropiación, aunque la apropiación siempre esté atada a la sumisión que le dio origen. Por eso el poder es ambivalente; es resistencia y es apropiación. De acuerdo con esta formulación, el poder es el conjunto de condiciones que preceden al sujeto y lo instalan desde fuera. Pero el poder también es transitivamente lo que habilita a poder. [...] Como condición el poder precede al sujeto, como efecto del sujeto es agencia que se asume en su dimensión temporal presente.[17]

Ahora bien, para que haya un sujeto que al hablar produzca un efecto sobre el discurso es necesario que antes haya un discur-

---

[15] Ibidem, pág. 97.

[16] Es importante aclarar en este punto que en la lectura de Butler no encontramos una reducción del discurso al discurso lingüístico. La autora más bien entiende al discurso como toda forma de significación.

[17] Ibidem, pág. 98.

so que lo preceda y lo habilite, es decir, un proceso de reiteración[18] mediante el cual lleguen a emerger tanto los sujetos como los actos. En realidad, señala Butler,

> sólo puedo decir "yo" en la medida en que primero alguien se haya dirigido a mí y que esa apelación haya movilizado mi lugar en el habla; paradójicamente, la condición discursiva del reconocimiento social *precede y condiciona* la formación del sujeto: no es que se le confiera el reconocimiento a un sujeto; el reconocimiento *forma* a ese sujeto. Además, la imposibilidad de lograr un reconocimiento pleno, es decir, de llegar a habitar por completo el nombre en virtud del cual se inaugura y moviliza la identidad social de cada uno, implica la inestabilidad y el carácter incompleto de la formación del sujeto.[19]

Sin embargo, el proceso de reiteración a partir del cual emergen los sujetos no actúa solo, sino que se conjuga con otro elemento no menos importante para que dicha emergencia se concrete, a saber, la nominación. Lo que une un nombre con un conjunto de sujetos es el acto de nominación e identificación con ese nombre producto de designar reiteradamente el mismo objeto con el mismo significante. No hay una esencia que sea descripta mediante actos de nominación, sino que por el contrario es el nombre, el significante, el que soporta la identidad del objeto y es la reiteración de los actos de habla la que produce la ilusión de una esencia natural. De ninguna manera las identidades presuponen rasgos y características esenciales que comparten determinados sujetos, más bien toda política de la identidad implica una construcción[20] y reconstrucción de su propio referente. Ahora bien, esta argumentación es central

---

[18] A juicio de Butler, la repetición instituye un sujeto a la vez que es su condición de temporalidad. Subrayamos: las identidades de los sujetos no son producto de actos singulares o meros acontecimientos fortuitos. En tanto acto de significación, toda identidad es una producción ritualizada que se reitera bajo condiciones de prohibiciones y tabúes que nunca la determinan por completo. Para la autora, tal como para otros autores postestructuralistas, los sujetos se constituyen mediante una carencia, una falta, o una falla originaria que se convierte a la vez en su condición de posibilidad e imposibilidad siendo inapropiado caracterizarlos por una esencia fija y determinada de una vez y para siempre.

[19] BUTLER, Judith, *Op. cit.*, pág. 317.

[20] La construcción de la identidad es un proceso que se realiza en el tiempo operando a través de la reiteración de las normas. No es, entonces, un acto único ni un proceso causal iniciado y concluido por un sujeto a través de una serie de efectos fijados.

para nuestros propósitos por cuanto la nominación no es sólo un acto nominalista que consiste en la atribución de un nombre a un sujeto preconstituido. Es la construcción discursiva del sujeto mismo. En palabras de Ernesto Laclau,

> Si el proceso de nominación de los objetos equivale al acto mismo de la constitución de éstos, entonces sus rasgos descriptivos serán fundamentalmente inestables y estarán abiertos a toda clase de rearticulaciones hegemónicas. El carácter esencialmente performativo de la nominación es la precondición para toda hegemonía y toda política.[21]

Por ende, son las convenciones hegemónicas las que determinan las condiciones necesarias para alcanzar el *status* de sujeto y de agencia; mientras que las no hegemónicas se abren paso por las fisuras, permitiendo múltiples y variadas formas de agenciación que dan lugar a resignificaciones que abren espacio a los cambios y transformaciones.

Los sujetos están narrados e inscriptos en un sistema hegemónico que, sin poseer un control absoluto del significado, han llegado a conformarse y a conformar rasgos identitarios a través del tiempo. Tener una identidad de mujer o varón, de madre o padre es más que una cuestión biológica y/o psicológica. Es vivir y actuar de acuerdo a un conjunto de normas, instituciones y descripciones sociales. Hay diferentes modos de ser mujer o varón, madre o padre. Hay diferentes contextos sociales que se modifican históricamente suscitando diferentes descripciones, algunas centrales y otras periféricas o latentes.

Ahora bien, el reconocimiento y la nominación implican, además de la formación misma del sujeto, en qué medida éste formará parte del contexto de enunciación al cual está referido y cómo actuará en consecuencia. Respecto de esto, conviene recordar la propuesta del filósofo político Jacques Rancière que nos dice: "quien carece de nombre no *puede* hablar".[22] Y quien carece de nombre no sólo está privado de voz, sino que

---

[21] LACLAU, Ernesto, "Prefacio", en: ZIZEK, Slavoj, *El Sublime objeto de la ideología*, Buenos Aires, Siglo XXI, 2003, pág. 17.

[22] RANCIÈRE, Jacques, *El Desacuerdo. Política y Filosofía*, Buenos Aires, Nueva Visión, 1996, pág. 38.

su palabra es un *murmullo* que pertenece al *ruido* y su cuerpo no posee inscripción simbólica en la ciudad, permanece en el límite de las ontologías accesibles, cuando no se encuentra fuera de ella. Lo dicho adquiere relevancia en el marco de dos de los principales conceptos desarrollados por dicho autor que nos permiten reflexionar acerca del lugar que se le confiere a los sujetos en la configuración sensible de los cuerpos y en la distribución de roles y funciones, a saber, *política* y *policía*. Con la segunda, Rancière designa la distribución sensible de los lugares, competencias y funciones de los cuerpos además de su sistema de legitimación, definiendo la parte o la ausencia de parte de las partes. En otras palabras, la *policía*:

> es en su esencia la ley, generalmente implícita, que define la parte o la ausencia de parte de las partes. De este modo, es primeramente un orden de los cuerpos que define las divisiones entre los modos del hacer, los modos del ser y los modos del decir, que hace que tales cuerpos sean asignados por su nombre a tal lugar y a tal tarea; es un orden de lo visible y lo decible que hace que tal actividad sea visible y que tal otra no lo sea, que tal palabra sea entendida como perteneciente al discurso y tal otra al ruido.[23]

Este concepto de *policía* se contrapone al concepto de *política*, que en el análisis de Rancière se origina siempre en una apropiación de la palabra del otro, en una interrupción del orden natural. De este modo, la *política* rompe con la configuración sensible del orden policial instituyendo una distorsión fundamental que desplaza a un cuerpo del lugar que le estaba asignado cambiando su destino, haciéndoselo ver y escuchar. La política tiene, entonces, como elemento constitutivo el desacuerdo, una situación de habla en la que alguno de los interlocutores entiende y a la vez no entiende lo que dice el otro. Por lo tanto, el momento de la política es el momento de una distorsión, en la cual lo no visible irrumpe generando una nueva representación en el campo de la experiencia. Porque los seres sin nombre, los seres sin voz, los privados de inscripción simbólica en la ciudad, pueden irrumpir con acciones concretas en el orden policial y darse un nombre inscribiéndose, de este modo,

---

[23] Ibidem, pág. 44.

como seres parlantes en un destino colectivo; es esta agencia de los sujetos la que permite subvertir el orden instituido modificando los límites de la inteligibilidad social. Dice Rancière:

> Hay política porque quienes no tienen derecho a ser contados como seres parlantes se hacen contar entre éstos e instituyen una comunidad por el hecho de poner en común la distorsión, que no es otra cosa que el enfrentamiento mismo, la contradicción de dos mundos alojados en uno solo: el mundo en que son y aquel en que no son, el mundo donde hay algo entre ellos y quienes no los conocen como seres parlantes y contabilizables y el mundo donde no hay nada.[24]

Es la nominación, entonces, un elemento fundamental en la constitución de los sujetos y a la vez condición de posibilidad del proceso de resignificación de las categorías identitarias de los mismos.

Resumiendo, la importancia de la denominación radica, pues, en que es al mismo tiempo una manera de fijar una frontera a partir de la cual se significa aquello que se denomina, y una manera de inculcar repetidamente una norma. Las interpelaciones producto de la denominación favorecen a la formación de un campo del discurso y un poder que delimita y sustenta el contenido de las categorías del lenguaje; pero es también condición propia del lenguaje construir una amenaza para esa frontera al punto tal de poder derrumbarla y rearticularla poniendo en cuestión los significados. Dicho de otro modo, vivimos en un mundo de prácticas sociales sedimentadas, en donde los oríge-

---

[24] Ibidem, pág. 42. "Al igual que muchos post-marxistas y post-estructuralistas, Rancière hace figurar a la política más allá del subsistema de intercambios institucionalizados del conflicto político que para él sólo es una parte más del orden social. Al convertirla en un objeto ubicuo, puesto que se trata de un dispositivo que puede aparecer en cualquier rincón de lo social, desanuda al sujeto político de una función social predeterminada o de un lugar específico dentro de la estructura social. La operación por la cual "dos mundos quedan alojados en uno" (es decir, se genera la distorsión de la comunidad como una suma de las partes y funciones) se efectúa a través de un proceso de argumentación que no se reduce a actos de habla sino que se extiende a todo tipo de actos públicos [...] Tras la aparición de la política, la comunidad existe de un modo particular, como comunidad del conflicto y los sujetos existen en el proceso de anunciarse en ese conflicto [...] "La parte de los sin parte" constituye una diferencia radical con respecto al resto de las partes de la sociedad puesto que ponen a prueba el operador de la diferencia. No son partes reales de la comunidad, no son una parte como el resto de las partes". MUÑOZ, María Antonia, "Lo político como comunicación distorsionada. Una lectura sobre Jacques Rancière", 2005. Dirección URL: http://www.ciudadpolitica.com/modules/news/article.php?storyid=57 [Consulta: 13 de mayo de 2008].

nes contingentes de las asociaciones entre significados y signifi-
cantes han sido olvidados. No obstante, sus orígenes continúan
siendo contingentes y por lo tanto susceptibles de rearticularse
en cualquier momento y lugar.

Así, todo intento de concebir la identidad de los sujetos de
manera acabada, fija y cerrada resulta en vano en tanto las categorías que las constituyen poseen fundamentos contingentes
e inestables, lo que las convierte en un lugar de permanentes
luchas de poder, disputas y resignificaciones. Son entonces las
propias características del lenguaje las que nos permitirán analizar los discursos de las Madres de Plaza de Mayo, a la vez que
comprender la trascendencia de dichas mujeres en la configuración política de la Argentina durante el período comprendido
entre los años 1976 y 2001. Producto de la interpelación, estas
mujeres se conformaron en "madres" y se asumieron como sujetos en un determinado rol y lugar. Pero es la performatividad
del lenguaje, con todo lo que ello implica, lo que les permitió
a estas mujeres poner en tela de juicio lo que se califica como
"madre", los quehaceres y ámbitos que le son propios y lo que
se espera de ellas; poniendo de manifiesto que los quehaceres
y ámbitos asignados no les eran tan propios como parecían,
dándose a sí mismas un nombre a partir del cual ingresaron en
ámbitos que no les eran propios, y resignificando las expectativas que habitualmente suscita la categoría "madre". A partir
de todo esto es que nos proponemos investigar la resignificación del término "madre" llevado adelante por la Asociación
de Madres de Plaza de Mayo y su consecuente repercusión en la
esfera de lo político.

Al respecto, y para comprender de mejor manera la compleji-
dad de los términos, y concretamente la categoría —"madre"—
que nos guiará para alcanzar nuestros objetivos, traemos a co-
lación el análisis que realiza Judith Butler del significado de
la palabra "mujer" y las dificultades políticas que surgen al
intentar establecer una definición cierta de dicha categoría.[25]

---

[25] Destacamos en este punto que hacemos mención a la categoría "mujer" ya que la
autora dedica gran parte de sus estudios a la misma. Bajo ningún concepto entendemos
que exista ningún tipo de identidad necesaria entre el término "madre" -propuesto como

Puntualmente, nos dice, la problemática surge al "invocar la categoría 'mujeres' para describir al electorado por el que habla el feminismo".[26] Esto genera un debate interno en torno al contenido descriptivo del término que finaliza en fuertes disputas acerca de qué sujetos se identifican como "mujeres" y trae como consecuencia profundas divisiones al interior del feminismo. Hay quienes se esfuerzan por caracterizar la especificidad femenina recurriendo a la maternidad y hay quienes afirman que esto excluye a todas aquellas mujeres que no son madres -ya porque no lo desean; ya porque están imposibilitadas para serlo-. En este punto nos interesa destacar lo siguiente:

> cualquier esfuerzo por darle un contenido universal o específico a la categoría de las mujeres, presumiendo que esa garantía de solidaridad se requiera por anticipado, necesariamente producirá faccionalización, y esa "identidad" como punto de partida nunca se podrá sostener como la base solidificadora de un movimiento político feminista. Las categorías de identidad no son nunca meramente descriptivas, sino siempre normativas, y como tales son excluyentes. Esto no quiere decir que el término "mujeres" no debe ser utilizado, o que deberíamos anunciar la muerte de la categoría. Por el contrario, si el feminismo presupone que "mujeres" designa un indesignable campo de diferencias, que no puede ser totalizado o resumido por una categoría descriptiva de identidad, entonces el término mismo se convierte en un sitio de apertura y resignificabilidad permanente.[27]

Ahora bien, si toda identidad está marcada por la posibilidad de resignificación, y si toda identidad es un efecto de relaciones de poder, se sigue de ello que algunas posibilidades necesariamente queden reprimidas o excluidas para poder estabilizar y afirmar otras. En pocas palabras, toda identidad depende de la

---

eje de análisis- y "mujer". Muy por el contrario, las conclusiones a las que arriba la autora serán utilizadas aquí como punto de partida para adentrarnos en nuestra investigación. Comenzar pensando la categoría "madre" como un campo de diferencias indesignables, que no puede ser totalizado o resumido por una categoría de identidad descriptiva, nos deja lugar para reconstruir las resignificaciones de dicha categoría en el discurso de las Madres de Plaza de Mayo.

[26] BUTLER, Judith, "Fundamentos contingentes: El feminismo y la cuestión del 'Posmodernismo'", Estudios de género. La Ventana, N° 13, Universidad de Guadalajara, México, 2001, pág. 34. Dirección URL: http://www.publicaciones.cucsh.udg.mx/pperiod/laventan/Ventana13/ventana13-1.pdf [Consulta: 22 de enero de 2009]

[27] Ibidem, pág. 33.

constitución de un exterior constitutivo, de un otro que marca los límites de lo interior/exterior siendo a la vez inconmensurable con el interior y condición de su emergencia, de un otro que pone en evidencia el carácter abierto, fallado e incompleto -y por lo tanto resignificable- de toda categoría identitaria. En otros términos, las identidades se producen y se desestabilizan en el transcurrir de la reiteración citacional que desvía las normas. Esta inestabilidad posibilita su deconstrucción, pone en potencial crisis su consolidación y resignifica los sitios de exclusión. Desde este punto de vista, Butler sostiene que, en la medida en que toda exclusión es un producto discursivo, "la teoría feminista no debe limitarse a las ˋmujeres´, sino que debe ampliar el horizonte mismo de las significaciones, para mostrar la violencia de todo proceso de exclusión".[28]

Esto nos lleva a considerar que lo social es un campo abierto de relaciones de poder y antagonismos. Las identidades colectivas sólo pueden establecerse según el modo del nosotros/ellos definiéndose el "ellos" no como el opuesto constitutivo de un "nosotros" concreto, sino como el símbolo de aquello que hace imposible cualquier "nosotros". Así, Butler reitera lo considerado por Laclau y Mouffe acerca de que el campo político está necesariamente conformado por un exterior constitutivo producido y naturalizado como "pre" o "no" político, ya que

> las bases de la política ("universalidad", "igualdad", "el sujeto del derecho") han sido construidas mediante exclusiones raciales y de género no marcadas, y por una mezcla de la política con la vida pública que convierte lo privado (la reproducción, los dominios de la "feminidad") en prepolítico.[29]

En conclusión, la noción de performatividad está asociada a una concepción de lo social como un espacio abierto de relaciones de poder. Los límites de lo inteligible están contingentemente suturados por la producción de un exterior constitutivo que pone en evidencia la estabilización precaria de toda identidad y su consecuente posibilidad de articular una política de la re-

---

[28] FEMENÍAS, María Luisa, *Op. cit.*, pág. 92.

[29] Citado en: BUTLER, Judith, "Fundamentos contingentes", *Art. cit.*, pág. 10.

sistencia mediante la cual su carácter incompleto y abierto le permite su constante resignificación. Por consiguiente, lo dicho nos permite poner en cuestión lo que significa *ser madre*, el lugar al cual están destinadas y el rol para las cuales han sido nominadas. Pensar en un espacio tan cotidiano como es el espacio de la *cocina*, y en las tareas y quehaceres que allí se desarrollan, ¿significa necesariamente pensar en una "madre" y en sus límites de roles y funciones? ¿Cómo resolvemos el interrogante planteado en el título de este capítulo?

Responder de manera negativa a estas preguntas parece ser una consecuencia de los conceptos expuestos en este capítulo. Pero si reflexionamos sobre ello a partir de los discursos de las Madres de Plaza de Mayo, ¿llegaremos a la misma conclusión? ¿En qué medida la resignificación del término "madre" habrá desplazado su significado y por ende, reactivado su sedimentación? ¿La opacidad del término habrá sujetado a estas mujeres en su desarrollo como movimiento? Comencemos a leer a las Madres desde los conceptos aquí propuestos.

CAPÍTULO 2
Madre en la cocina... ¿y en la Plaza?

"Se comunica a la población que a partir de la fecha el país se encuentra bajo el poder operacional de la Agencia del Comandante General de las Fuerzas Armadas. Firmado: Jorge Rafael Videla, Teniente General Comandante General del Ejército".[1]

"El horror no sabe que esas mujeres dentro contenían imágenes, fotos, ademanes, pasos, voces de sus hijos: no las hace indestructibles, pero sí indomables, y las entrega a un sino que ya no podrán detener".[2]

A partir del silencio generado en torno a las desapariciones durante la dictadura militar, muchas madres comenzaron una búsqueda individual y solitaria de sus hijos por diferentes dependencias policiales, gubernamentales y religiosas además de acudir a los organismos de Derechos Humanos en funcionamiento por aquel entonces. En la travesía matutina que emprendieron, no sólo no recibieron respuesta alguna respecto de la devolución de sus hijos, sino que las caras de diversas mujeres que también buscaban a sus hijos desaparecidos empezaron a tornarse conocidas y a aumentar día tras día. Así fue como, el 30 de abril de 1977, catorce mujeres fueron por primera vez a la Plaza de Mayo para reclamar al gobierno dónde estaban sus hijos. Y así, jueves tras jueves el número fue creciendo; se autodenominaron las Madres de Plaza de Mayo y se convirtieron legalmente en Asociación el 22 de agosto de 1979.

El presente capítulo tiene como finalidad comenzar a analizar el discurso de las Madres de Plaza de Mayo (MPM) a partir de los conceptos desarrollados en el capítulo anterior. Tomando como eje la categoría "madre", nos proponemos analizar esta categoría con relación al lugar a la que la misma es asignada, esto es, ¿la *cocina* o la Plaza? En una primera sección, nos detendremos en el contexto de emergencia del movimiento de las Madres. Nos introduciremos en los acontecimientos de los primeros años de dictadura militar y en el lugar conferido a la "mujer" dentro de dicho orden para luego abocarnos, en una segunda y tercera sección, a lo que proponemos comprender

---

1 Comunicado N° 1 de la Agencia del Comandante General, 24 de marzo de 1976. Dirección URL: http://www.lapropaladora.com.ar/?p=324 [Consulta: 13 de enero de 2009].

2 QUIROGA, Jorge, *Op. cit.*

aquí como el primer momento discursivo de las MPM. Un momento que abarca los dos primeros años del gobierno militar y que está atravesado por la conformación del colectivo MPM, momento en el que el deseo de búsqueda de los hijos toma la forma de una ruptura del orden social como consecuencia de la irrupción de estas mujeres en el ámbito público.

En un contexto de dictadura militar en el que los roles y lugares dentro de la sociedad estaban claramente asignados, un grupo de mujeres van *de la cocina a la plaza* cuestionando los límites del campo de lo social e instituyendo una distorsión que necesariamente desencadenará en la resignificación del mismo.

MADRES: "A LA COCINA"

El 24 de marzo de 1976 un nuevo golpe militar interrumpe la democracia argentina derrocando el gobierno constitucional de María Estela Martínez de Perón. Bajo la autodenominación de "Proceso de Reorganización Nacional" (PRN), la Junta Militar se pone al frente del Estado con la intención de conducir al país por tiempo indeterminado, ya que tal como ellos lo entienden son la única respuesta posible a la situación caótica de ingobernabilidad que amenaza con derrumbar a la Nación. En palabras de los protagonistas,

> las Fuerzas Armadas, conscientes de que la continuación normal del proceso no ofrecía un futuro aceptable para el país, produjeron la única respuesta posible para esta crítica situación. Tal decisión, fundamentada en la misión y la esencia misma de las instituciones armadas, fue llevada al plano de la ejecución con una mesura, responsabilidad, firmeza y equilibrio que han merecido el reconocimiento del pueblo argentino.[3]

Ni bien asume en sus funciones y con el objetivo de poner en marcha dicho plan, el gobierno de facto implementó una serie

---

[3] Discurso pronunciado por el Teniente General Jorge Rafael Videla, marzo de 1976, Capital Federal, Buenos Aires. Disponible en: http://www.lapropaladora.com.ar/?p=322 [Consulta: 13 de enero de 2009].

de transformaciones en la estructura económica, social y política del país. Se reemplazó el modelo de sustitución de importaciones que prevalecía desde la década del '30 por un modelo de apertura económica en el cual el predominio de capitales extranjeros se convirtió en una de las constantes de la economía nacional. A partir de un disciplinamiento general de la sociedad, se conformó una estrategia de desmovilización popular. Se finalizó con las instancias de mediación entre los sujetos y el gobierno. La política se circunscribió a una esfera en la que su actividad estaba permitida dentro de reglas claramente pautadas. De este modo, un grupo de fuerzas políticas operaba en un espacio público restringido con una variedad acotada de temas.[4]

En este contexto, el discurso cumplió un papel fundamental al condicionar la visión de mundo y el accionar de sujetos individuales y colectivos. Los enunciados militares atravesaron de manera performativa todos los ámbitos del país llegando a resignificar los límites de lo "correcto" y lo "incorrecto" en la vida cotidiana, además de poner un especial interés en el rol de la familia y la mujer para la consecución, estabilidad y permanencia del régimen.[5] El discurso de la dictadura –reproducido en comunicados oficiales, cartas abiertas en medios de comunicación, notas de prensa y demás acciones- comienza a producir sus efectos. Delimita lo que está permitido hacer y/o decir tanto en la vida pública como en la privacidad del hogar extendiéndose, además, dicha resignificación a la delimitación de cuáles cuerpos son los que formarán parte de las ontologías

---

[4] Es nuestra intención destacar que la participación en el espacio público estaba restringida, no totalmente prohibida. Existía una clara delimitación sobre las temáticas dentro de las cuales se permitía dicha participación. Para las fuerzas políticas y demás organizaciones las pautas estaban claras. De determinadas temáticas no se hablaba, mientras que de otras sí; pero siempre haciendo un uso "debido" de la palabra. Entre las temáticas "permitidas", merecen ser citadas: la realización del Mundial de Fútbol de 1978, la Guerra de Malvinas, y cuestiones que atañen al mundo artístico y del espectáculo, entre otros.

[5] Cabe aclarar que el objetivo del presente escrito lleva a concentrarnos en uno de los mecanismos de disciplinamiento y construcción de hegemonía del gobierno dictatorial, que no por ser menos cruento resulta ser menos violento, a saber, el poder del discurso como demarcador de lo "correcto" y lo "incorrecto" en la vida cotidiana. Por lo tanto, bajo ningún concepto es nuestra intención restarle importancia a los demás métodos represivos –torturas, privaciones ilegítimas de la libertad, censuras, exilios, etc.- empleados por el régimen.

accesibles y cuáles los que permanecerán en los límites o fuera de ellos. El discurso militar constituye un "nosotros, los argentinos" que se ve acechado por el enemigo de la subversión terrorista, que de no ser erradicado, pondrá en peligro los valores fundamentales de la Nación y la estabilidad del país. De allí que a determinados cuerpos se les conferirá el privilegio de poseer el atributo de la voz, mientras que otros estarán privados de inscripción simbólica en la ciudad y desterrados a no ser contados como parte de la Nación:

> Es por esto que debemos considerar a la subversión como un verdadero problema, como una enfermedad de característica social que tiende a destruir los órdenes que hacen posible la convivencia armónica.[6]

> Yo quiero significar que la ciudadanía argentina no es víctima de la represión. *La represión es contra una minoría, a quien no consideramos argentina.*[7]

> No puede ni debe reconocerse condición de hermano al marxista subversivo terrorista, por el hecho de haber nacido en nuestra patria. *Ideológicamente perdió el honor de llamarse argentino.*[8]

En este marco de escasa flexibilidad política, la dictadura respondió principalmente con una estrategia claramente represiva. Su blanco no fueron sólo los grupos armados, sino también todos aquellos movimientos y fuerzas populares que, aunque fraccionadas entre sí, desafiaron al sistema bajo cualquier forma, dentro o fuera de los marcos legales.[9] Comienza, entonces, una decidida lucha que supone enfrentarse a un colectivo

[6] Mayor Alcides Paris Francisca, jefe de la Policía de Mendoza, diario "Los Andes", Mendoza, 7 de mayo de 1977. Citado en: BRAVO, Nazareno, "El discurso de la dictadura militar argentina (1976-1983): Definición del opositor político y confinamiento-"valorización" del papel de la mujer en el espacio privado", *Utopía y Praxis Latinoamericana*, vol.8, N° 22, Venezuela, 2003, pág. 114.

[7] Teniente General Jorge Rafael Videla, presidente de facto, Diario "La Prensa", Buenos Aires, 18 de diciembre de 1977. Citado en: Ibidem, pág. 113. Las cursivas son propias.

[8] Cdte. Mayor de Gendarmería Agustín Feced, Diario "La Prensa", Buenos Aires, 16 de agosto de 1977. Citado en: Ibidem, pág. 113. Las cursivas son propias.

[9] Para fines de la década de los '60, las fuerzas más radicalizadas de oposición política comienzan a adquirir un mayor desarrollo, alcanzando para principios de los '70 un importante protagonismo. En esos años aparecieron "expresiones progresistas, populares, antiimperialistas y revolucionarias que se sumaron a otras preexistentes y que comenzaron a plantear un serio desafío al sistema capitalista. Estos sectores no sólo representaban un obstáculo para cualquier política antipopular sino que incluso pugnaban por un cambio

compuesto por una minoría que ideológicamente no posee el honor de llamarse argentino, que difunde con sus ideas y acciones "una enfermedad social" que atenta contra el orden, la seguridad y los valores esenciales de la Patria, y que además de manera peligrosa puede estar escondido en cualquier recinto, ya sea "en la casa del vecino", "debajo de un guardapolvo blanco", "dentro del grupo de amigos de nuestros hijos" o "detrás del mostrador del almacén de la esquina". De allí que el discurso militar aspire a controlar las relaciones y prácticas sociales de todos los órdenes de la vida "pautando el comportamiento 'correcto' en cada ámbito de convivencia y trasladando la lógica represiva militar a todos ellos".[10]

En este modelo de reorganización nacional, la familia, y dentro de ella la mujer, se convierten en pilares fundamentales al momento no sólo de la lucha contra el terrorismo, sino también para el desarrollo social propuesto por el gobierno y para el mantenimiento de los valores occidentales, cristianos y patriarcales. Caracterizada por la sumisión a la autoridad paterna y la consecuente obediencia de mujeres e hijos, las familias deberán reorganizarse para ejercer una constante vigilancia entre sus miembros[11] a fin de evitar persuasiones indebidas. En adelante, las familias deberán reafirmar su funcionamiento a fin de servir a la patria en construcción bajo el PRN:

---

social que, en general, era caracterizado como socialista, razón por la cual pasaron a estar en la mira del poder". GORINI, Ulises, *La rebelión de las Madres. Historia de las Madre de Plaza de Mayo*, Tomo I (1976-1983), Buenos Aires, Norma, 2006, pág. 39.

[10] BRAVO, Nazareno, "El discurso de la dictadura militar argentina", *Art. cit.*, pág. 115.

[11] Si bien la vigilancia debe darse entre todos sus miembros, las producciones discursivas hacen hincapié en que dicho control debe ejercerse de manera especial sobre los hijos e hijas, pues por ser los de menor edad son los más propensos a alejarse de los ideales familiares convirtiéndose, por ello, en uno de los blancos más vulnerables de las ideas subversivas. Ejemplo de esto es el slogan televisivo: "¿Sabe Ud. dónde está su hijo ahora?", que alcanzó gran difusión por aquellos años.

> Una advertencia: padres, madres e hijos, las ideas nefastas de la izquierda marxista atentan contra nuestras familias, nuestra bandera, nuestra patria y nuestra libertad. Sepamos defenderlas.[12]

Por ende, los padres son actores primordiales para erradicar la subversión; deben vigilar, participar y presentar las quejas que crean convenientes. Las familias tienen dentro del modelo del Estado pensado por el gobierno de facto el importante rol de educar y controlar, función que se particulariza en la mención a la figura y tarea de la mujer dentro del seno familiar.

Si bien la mayor parte de las producciones discursivas del gobierno militar no se orientan de manera específica a la mujer, las pocas veces que esto ocurre lo hacen para remarcar su lugar dentro de la familia y su rol de ama de casa y esposa, pero por sobre todas las cosas su rol de madre, creando la identidad entre ser mujer y ser madre. Es decir, parece ser que toda vez que el gobierno de facto hace alusión a la mujer, lo hace destacando su rol de madre y su función de esposa y ama de casa.[13] Consideramos, a partir de ello, que dicha asociación no es más que una asociación contingente que genera la ilusión de una identidad necesaria entre el ser mujer, el ser madre y el ocupar la *cocina*. De este modo, las mujeres-madres deben ocuparse de las tareas domésticas del hogar y del cuidado de sus hijos; tienen la importante responsabilidad de "proyectar al seno de la sociedad su irrenunciable papel de madres".[14] Ahora bien, ¿cuál es específicamente el cuidado y control que deben

---

[12] Discurso pronunciado por el General de Brigada Albano Harguindeguy, Ministro del Interior de la Nación, el 20 de junio de 1976 en Capital Federal. Citado en: FRONTALINI, Daniel y CAIATI, María Cristina, *El mito de la guerra sucia*, Buenos Aires, Cels, 1984, pág. 50.

[13] En el contenido de producciones discursivas del gobierno militar, siempre que se hace alusión a la mujer se la presenta en la realización de tareas domésticas, cuidado de los hijos y del hogar. Esto es así tanto en publicaciones gráficas, como en cartas abiertas, propagandas televisivas y en general toda producción de difusión oficial del PRN. La mujer aparece siempre en su casa, con utensilios propios del hogar, o bien en lugares relativos a tareas domésticas, tales como una verdulería o almacén.

[14] Almirante Emilio E. Massera, Comandante en jefe de la Armada, Diario La Nación, Buenos Aires, 21 de junio de 1977. Citado en: BRAVO, Nazareno, "El discurso de la dictadura militar argentina", *Art. cit.*, pág. 116.

ejercer sobre sus hijos? ¿Cuáles son las particularidades del rol de las madres en la Argentina de la dictadura? Son los mismos discursos los encargados de responder a nuestros interrogantes:

> ¿Qué les están haciendo a nuestros hijos? ¿Qué maquinaria infernal logra un lavado de cerebro semejante que los hace criminales de sus amigos íntimos o de sus propios padres?... *Insistimos: las madres tienen un papel fundamental que desempeñar.* En este tiempo criminal que nos toca vivir, ante esta guerra subversiva que amenaza destruirlo todo, uno de los objetivos claves del enemigo es su hijo, la mente de su hijo. *Y son ustedes, las madres, con más fuerza y efectividad que nadie, las que podrán desbaratar esa estrategia si dedican más tiempo que nunca al cuidado de sus hijos.*[15]

Por lo tanto, la principal actividad de las mujeres-madres radica en la protección de sus hijos contra la subversión, evitando cualquier contacto con ella, controlando sus actitudes, pensamientos y actividades, y denunciándolo ante la autoridad competente si llegara a ser necesario. Dado que la subversión no sólo se combate con las armas, es necesario que en el espacio de lo privado se reproduzcan las expectativas de disciplinamiento social, y nadie mejor que las madres para hacerlo. La dictadura militar deja en claro, entonces, que el lugar de la mujer es la *cocina*, pero ¿qué sucederá cuando un grupo de madres considere que su lugar es además la *Plaza*? En las páginas siguientes volveremos sobre esto.

En síntesis, teniendo en cuenta lo dicho hasta aquí se desprenden tres puntos que serán centrales para concentrarnos definitivamente en el análisis del discurso de las Madres de Plaza de Mayo. En primer lugar, tanto el ámbito de lo público como el de lo privado es irrumpido por diversas producciones discursivas enunciadas por el gobierno militar tendientes a resignificar, por un lado, la vida cotidiana, demarcando la línea de lo "correcto" y lo "incorrecto", y por el otro, los roles y funciones de los cuerpos que habitan la Nación a partir de la constitución de un

---

[15] "Carta abierta a las madres argentinas", *Para Ti*, Buenos Aires, 5 de julio de 1976. Citado en: BRAVO, Nazareno, "El discurso de la dictadura militar argentina", *Art. cit.*, pág. 116. Las cursivas son propias.

campo social en el que las relaciones de poder y antagonismos toman la forma de un "nosotros, los argentinos" que se ve constantemente amenazado por el enemigo de la subversión terrorista, un "ellos" contra los que emprenden una violenta lucha. En términos de Rancière, se puede afirmar que la dictadura militar implementó el modelo de reorganización nacional mediante una reorganización de lo visible y lo decible, en la cual la división de la población en "nosotros, los argentinos" y "ellos, los subversivos" fue fundamental a la hora de conformar un orden policial funcional a los objetivos del gobierno de facto.

En segundo lugar, las familias se convierten en el otro elemento fundamental para la concreción del PRN. "Debidamente" compuestas bajo el esquema patriarcal de sumisión a la autoridad paterna, tienen la importante misión de educar a sus hijos en los valores de lo "correcto" y de ejercer la vigilancia con el fin de asegurar que ninguno de sus miembros traspase la línea de lo "debido". De esta manera, el paternalismo se erige como uno de los pilares esenciales dentro del PRN[16] -conjuntamente a los valores cristianos y occidentales-. Ahora bien, los discursos militares no sólo apuntan a las familias en su conjunto, sino que más bien interpelan a cada uno de sus miembros otorgándoles una función específica que se deriva de sus propias particularidades. Padres, madres, hijos; cada uno en su "propio" lugar y con sus "propias" tareas. Es decir, la dictadura construyó un orden policial a partir de la asignación de lugares diferenciales a la población.

Finalmente, y como consecuencia del punto anterior, concluimos en que las producciones discursivas que circulan por las calles y los hogares están marcadas por una lógica de la dife-

---

[16] Cabe destacar que el término "patriarcado" ha generado intensos debates en torno a su significación. Consideramos apropiado retomar lo dicho al respecto por Gerda Lerner: "en sentido amplio [entiendo al patriarcado] como la manifestación e institucionalización del dominio masculino sobre mujeres y niños(as) en la familia y la extensión del dominio masculino sobre las mujeres a la sociedad en general. Implica -sigue diciendo la autora- que los hombres ostentan el poder en todas las instituciones importantes de la sociedad y que las mujeres son privadas de acceso a ese poder. No implica que las mujeres carezcan totalmente de poder ni que estén totalmente privadas de derechos, influencia y recursos". Gerda Lerner, *The Creation of Patriarchy*, pág. 239. Citado en: RIVERA GARRETAS, María Milagros, *Nombrar el mundo en femenino. Pensamiento de las mujeres y teoría feminista*, Barcelona, ICARIA, 1998, pág. 72.

rencia sexual que se traduce en una política diferenciada de los cuerpos, lo cual confina a la mujer al espacio de lo privado y al desarrollo de la maternidad, siendo su principal destino las ocupaciones domésticas-familiares, su principal característica la capacidad de dar a luz vida física y su principal condena la sujeción "natural" y la privación del acceso a la cosa pública; ellas son amas de casa, fecundas para la procreación de los hijos pero estériles más allá del hogar.[17] Más aún cuando cumplen una tarea pública, como en el caso de las maestras, su rol es redefinido en términos de continuación de la función materna; esto es, su papel es valorizado en la medida en que reproduzca las expectativas de subordinación a los valores transmitidos y de colaboración en el disciplinamiento social a partir del ámbito familiar.

Pese a ello, hubo un grupo de mujeres que subvirtió el discurso del PRN; fue más allá de las reglas establecidas y se convirtió en las Madres de Plaza de Mayo. En un contexto en el que el discurso oficial parece decir: "Madres, a la *cocina*", un grupo de mujeres discute dicha afirmación diciendo: "Madres, a la Plaza". Sobre este punto nos detendremos en las próximas páginas.

MADRES: "A LA PLAZA"

Si bien con la dictadura militar emergen nuevos movimientos compuestos por familiares de desaparecidos que se suman a los

---

[17] Con esto no queremos decir que los hombres ocuparon genuinamente el espacio público en la dictadura militar y que las mujeres no accedieron a él bajo ninguna circunstancia. En tal caso, nos interesa subrayar que ha habido con el correr de la historia una tendencia que llevó a asociar a la mujer con el ámbito de lo privado y al hombre con el de lo público. Como consecuencia, los hombres ostentan el poder en las instituciones y lugares públicos, ocasionando que las mujeres, para acceder a tales espacios, sean sometidas a procesos legitimatorios y de aceptación casi exclusivos para el género femenino. Por otra parte, no desconocemos que en la argentina dictatorial el acceso a la participación activa en el espacio público se ve reducido para toda la población, ya se trate de varones o de mujeres. No obstante esta represión, sostenemos que los modelos patriarcales imperantes en la sociedad moderna occidental continúan presentes durante el gobierno de facto; incluso se acentúa la doble asociación de la mujer con el atributo de la maternidad y —como contrapartida— con el espacio de lo privado.

organismos de Derechos Humanos ya existentes,[18] la mayoría de los familiares nunca sobrepasó la búsqueda individual del "desaparecido".[19] El espacio permitido para denunciar cualquier tipo de violación a los Derechos Humanos estaba prácticamente reducido a su mínima expresión. De modo que "aceptación del 'castigo' impuesto por la dictadura, impotencia para encarar una auténtica lucha por la desaparición del hijo, imposibilidad de trasponer el límite del sistema, negación, depresión, enfermedad, muerte y suicidio fueron en realidad las respuestas predominantes".[20] Fue sólo una minoría la que decidió dar una dimensión política a dicha búsqueda. Y es en esa minoría en la que nos detendremos de aquí en adelante.

A pesar de que existen registros de desapariciones anteriores al 24 de marzo de 1976, durante el primer año de dictadura éstas comienzan a multiplicarse. Ello produjo que muchos familiares emprendieran la búsqueda del "desaparecido" por diversas dependencias gubernamentales y religiosas, como así también por partidos políticos y organismos de defensa de los Derechos Humanos en funcionamiento. Ahora bien, muchos de esos familiares eran madres que reclamaban mediante denuncias y *habeas corpus* por el paradero de sus hijos. Ante la falta de respuesta y la indeferencia de los organismos públicos, y la incapacidad de los partidos políticos para canalizar demandas, acudir a las reuniones de organismos como la "Liga Argentina por los Derechos del Hombre", la "Asamblea Permanente por los Derechos Humanos" o "Familiares de Desaparecidos y Dete-

---

[18] "La Liga Argentina por los Derechos del Hombre se fundó el 20 de diciembre de 1937; en 1974 se constituye orgánicamente el Servicio de Paz y Justicia; la Asamblea Permanente por los Derechos Humanos se fundó el 18 de diciembre de 1975; el Movimiento Ecuménico por los Derechos Humanos se organizó en febrero de 1976; Familiares de Desaparecidos por Razones Políticas se creó en agosto de 1976". GORINI, Ulises, *Op. cit.*, pág. 31.

[19] Con el concepto "búsqueda individual" nos referimos a que cada familiar emprendía la búsqueda sólo de su propio "desaparecido", esto es, de su hijo/a, de su hermano/a, de su esposo/a, etc. sin pretensión alguna de involucrarse en colectivos de búsqueda. La relevancia de las MPM radica, pues, en que en un determinado momento ellas deciden finalizar con esta "búsqueda individual" para buscar y reclamar por todos los "desaparecidos". Desde aquí se convertirán en las madres de los 30.000. Para un mayor desarrollo del proceso por el cual las Madres van más allá de las fronteras de lo individual, ver las siguientes secciones de este capítulo.

[20] Ibidem, pág. 25.

nidos por Razones Políticas" parecía ser una opción adecuada en un clima de silencio e incertidumbre. Así fue como muchas madres llegaron a estos organismos una vez transcurridos los primeros meses de dictadura militar. Se trataba de mujeres que en su mayoría nunca habían excedido las tareas doméstico-familiares, que tampoco participaban de actividades políticas, ni mucho menos habían formado parte activa del ámbito público. Esto implica, a nuestro juicio, que ya para fines del '76 hay un grupo de madres que desafían los límites del lugar que les asigna el discurso dictatorial; o mejor aún, hay un grupo de madres que a partir del rol que les es asignado –cuidado y protección de sus hijos– comienzan a subvertir los límites al que están destinadas –ámbito de lo privado, contexto familiar y hogar– para emerger como sujetos concretos en la esfera de lo político. Tal como Hebe de Bonafini lo indica: "no sabía realmente qué era lo que estaba haciendo, sino por esa cuestión de madre, de proteger al hijo".[21]

Ahora bien, los resultados obtenidos al acudir a los organismos de Derechos humanos no fueron menos frustrantes que recorrer ministerios, departamentos policiales, cárceles e iglesias. De allí que comience a gestarse un nuevo movimiento compuesto por madres de desaparecidos:

> Y nos creamos porque en los otros organismos no nos sentíamos bien cerca; había siempre un escritorio de por medio, había siempre una cosa más burocrática.[22]

Esta idea es ampliada por Hebe durante el desarrollo de la entrevista mencionada anteriormente:

---

[21] "Entrevista a Hebe de Bonafini" (Parte I), Buenos Aires, 1988. Dirección URL: http:// www.madres.org/asp/contenido.asp?clave=786 [Consulta: 23 de septiembre de 2008]. Durante esta entrevista editada en tres partes, Hebe de Bonafini relata la historia de las Madres de Plaza de Mayo y se detiene principalmente en los años de inicio del movimiento. Si bien en el relato Hebe trae a la memoria acontecimientos de hasta doce años atrás, y si bien seguramente la interpretación que ella realiza de los mismos se verá de algún modo condicionada por los hechos que se sucedieron entre los años de conformación de las MPM y el momento en el que se realiza la entrevista, consideramos válido dicho relato por cuanto refuerza los testimonio de otras Madres y las acciones realizadas por este grupo de mujeres en el período de su conformación -1976,1978- y posterior consolidación -1978 en adelante-.

[22] BONAFINI, Hebe, "Historia de las Madres. Las Madres en primera persona". Conferencia pronunciada el 6 de julio de 1988 en la ciudad de Buenos Aires. Dirección URL: http:// www.madres.org/asociacion/historia/historia.asp [Consulta: 14 de octubre de 2008]. Aquí

Vos sentías una cosa absolutamente fría. Vos te sentabas, te hacían esperar afuera, nunca adentro [...] *Vos sentías que las personas que te atendían eran algo distinto, otra cosa que vos, y con las madres te sentías que todas éramos iguales* [...] No era boba como ellos creían; sí, ellos se creían que uno era algo estúpida; si, por el lugar que te daban... vos te dabas cuenta ¿no? Te trataban mal. Vos no sentías que estabas compartiendo nada. Y hay una persona con micrófono que dirigía la reunión [...] Y vos te matabas pidiendo la palabra y era muy difícil que te la dieran. Siempre había tres o cuatro que por experiencia política, por supuesto, conseguían la palabra. Y además porque *nosotras como madres, proponíamos cosas que para ellos eran muy descolgadas.* [...] *Nosotras siempre propusimos lo que sentíamos que tenía que ser. Hacer algo en la calle, que nos vieran, nosotras queríamos que nos vieran.* ¿Por qué no hacemos algo para que nos vean? Siempre fue la idea esa. [...] Entonces, yo creo que nuestra formación comienza con que nosotras nos empezamos a sentir bien juntas. Que nadie era más que nadie.[23]

Luego, continúa diciendo:

cuando yo llego –por primera vez a la Plaza– y ya estaba firmada la carta por varios y bueno, la seguíamos firmando todas las que íbamos llegando, ¿no? Entonces sentís como que éramos varias las que pensábamos eso. [...] Vos te sentías que participabas directamente, que no era otro tipo que te escribía. Y yo creo que a todos nos gusta eso, ¿no? Participar de lo que pasa. Porque ya todas habíamos hecho de todo. Fijáte, a mi hijo lo llevan el 8 de febrero, hasta el 30 de abril... Ya había hecho 100 mil cosas, todos los días. ¿Y qué pasaba? Siempre nos sentíamos fantástico con otra. Cuando te contaban qué les había pasado. Y horas estábamos conversando de lo mismo. Porque era como desahogarse. Porque dónde ibas a conversar. En tu casa no se podía,

---

nuevamente aclaramos que si bien no olvidamos que esta conferencia fue pronunciada once años después de que un grupo de madres fuera por primera vez a la Plaza de Mayo, consideramos de suma importancia este testimonio por cuanto es la primera vez que las Madres se pronuncian públicamente respecto de su historia. Con relación a esto, Hebe comienza la conferencia diciendo: "Es la primera vez que escribo algunos ítems para hablar, para contarles esta historia. Lo charlamos con todas las Madres, porque ustedes se imaginan que once años de lucha tan intensa no es fácil de resumir".

[23] "Entrevista a Hebe de Bonafini" (Parte I), *Op. cit.* Las cursivas son propias.

en la familia no se podía, en la calle no se podía, nadie te quería escuchar. Entonces era una cosa tan importante que vos sentías de estar con el otro conectándote.[24]

La importancia de estos fragmentos radica en el concepto de que las madres se sentían iguales entre sí. ¿Y en dónde emerge este sentimiento de igualdad? En el orden instituido por el gobierno de facto. Es decir, todas estas mujeres compartían el "amor de madre", el deseo de protección y cuidado de sus hijos. Pero este sentimiento de igualdad emergió fundamentalmente porque cada una de ellas se reconocía a sí misma antes que como argentina, ciudadana, esposa, o incluso mujer, como "madre"; e identificaba, a su vez, a todas aquellas otras mujeres que buscaban a sus hijos y no poseían experiencia política partidista alguna, también como "madres". Dicho de otro modo, estas mujeres encontraron su primer momento de identificación en el lugar y rol asignado producto de la distribución diferencial de la población del orden policial, esto es, el cuidado y la protección de sus hijos y la proyección de la maternidad al seno de la sociedad. Por tanto, el hecho de que cada una de estas mujeres reconociera en la otra el atributo de la maternidad, consideramos que fue el primer paso para la conformación de las Madres de Plaza de Mayo. Todas ellas se sentían iguales porque compartían dos de los principales roles femeninos atribuidos por el orden patriarcal: la maternidad y el ser amas de casa. Todas ellas compartían un mismo ámbito: el de la *cocina*. Sin embargo, todas ellas también empezaron a entender que para proteger a sus hijos lo que debían hacer era precisamente "salir de sus *cocinas*". ¿Qué hacían estas madres, entonces, queriendo participar de reuniones y proponiendo la realización de acciones tan "descolgadas" como "hacer algo en la calle"? Disputaban la palabra, reclamaban reconocimiento, luchaban para ser vistas e insertarse como "seres parlantes" en el destino de la Nación. En pocas palabras, empezaron a poner en evidencia los fundamentos contingentes del orden social, y en especial de la categoría "madre".

Con la desaparición de sus hijos, y el consecuente deseo de encontrarlos, estas mujeres comienzan a irrumpir en un ámbito

---

[24] Ibidem.

para el cual no estaban destinadas y al que al parecer no pertenecían. El intento de participación en reuniones de organismos y la posterior decisión de reunirse en iglesias, casas y finalmente en la Plaza de Mayo no significa sólo la presencia de un grupo de madres en dichos lugares. Significa la institución de una nueva demanda que se origina en una parte de la sociedad que hasta ese momento no era parte del ámbito público, pero que se desplazará hacia dicho ámbito hasta el punto de resignificar sus límites y contenidos; porque la demanda por el conocimiento del destino de sus hijos no es ni más ni menos que una demanda concreta por la apropiación de la palabra, en la cual una parte de la parte que no tiene parte en las decisiones de la comunidad reclama ser parte. Las madres no tienen voz en las asambleas ni lugar en la Plaza, no son escuchadas ni entendidas, pues entonces, la propuesta de ser vistas no resulta tan "descolgada" para ellas. En sus palabras:

> Somos únicamente madres de desaparecidos que recorremos angustiosamente los despachos oficiales en procura de ayuda y que nos hemos encontrado, sin organización previa ni posterior alguna, en la Plaza de Mayo. *Sólo nos mueve la búsqueda de nuestros hijos y el tratar de saber algo sobre su suerte.*[25]

Debido a la igualdad que sentían entre unas y otras, y a la frustración que generaba encauzar las denuncias por los canales permitidos por el gobierno de facto, las madres deciden reunirse en la Plaza de Mayo, porque, como dice la Presidente de la Asociación, "en definitiva no es el tema de la plaza sino de ocupar la calle. *Sí, sí, de que la gente te vea"*.[26] En consecuencia, y tal como se desprende de otros testimonios,[27] lo importante era

---

[25] Carta al Señor Ministro del Interior, 26 de diciembre de 1977, en Archivo de la Asociación de Madres de Plaza de Mayo. Citado en: GORINI, Ulises, *Op. cit.*, pág. 190. Las cursivas son propias.

[26] Ibidem. Las cursivas son propias.

[27] "Azucena nos convoca y dice: *bueno acá no conseguimos nada en ninguna parte, nadie nos responde nada, por qué no vamos a la Plaza*". "Entrevista a Hebe de Bonafini" (Parte I), *Op. cit.* "Estaba cansada de que se burlaran de nosotras –recuerda María del Rosario Carballeda de Ceruti–. Yo quería algo más directo, quería ir y gritarles directamente. En la Asamblea y en la Liga y en Familiares nos llenaban de papelitos; un *habeas corpus* por aquí, una solicitada por allá, y todo muy en orden y muy quietito. Era una cosa tan extraña. La Asamblea era una cosa tan formal; uno llegaba, le daban una planilla, preguntaban datos, todo era formal, no había un contacto humano como el de los familiares que nos encontrá-

ocupar la calle para ser vistas y para diferenciarse de los demás organismos de Derechos Humanos y partidos políticos; era necesario romper con la configuración sensible del orden policial, es decir, *ir de la cocina a la plaza* y a partir de allí accionar políticamente. Tal es así que una de las madres, Azucena Villaflor, quien asumiría el liderazgo del movimiento hasta el momento de su desaparición el 10 de diciembre de 1977, convoca a las madres a la Plaza de Mayo por estar ubicada en frente de la Casa Rosada.[28] De este modo, en la siesta del 30 de abril de 1977, catorce mujeres se hacen presentes en la Plaza de Mayo. Esto implica que ya no sólo son un grupo de madres que desafían los límites del lugar que les asigna el discurso militar, sino que también son un grupo de madres que cumplen con su objetivo de ser vistas, y como consecuencia de ello, instituyen una distorsión en el orden policial poniendo de manifiesto las fallas y antagonismos propios a todo orden.

No obstante, la emergencia de las Madres de Plaza de Mayo como movimiento político[29] no fue demasiado premeditada de antemano por este grupo de mujeres. Esto es, no subyacía un objetivo claramente definido por debajo de la ansiedad de proteger a sus hijos y la pretensión de ocupar la calle para ser vistas y reconocidas públicamente:

---

bamos en la calle. En la Liga había un poco más de movimiento, pero también era una cosa muy formal, parecía un colegio. Nosotras teníamos que ir y quedarnos sentadas escuchando al que hablaba. Recuerdo muy bien a Esther de Coreaga, por ejemplo, otra madre, que siempre hablaba y proponía cosas y la hacían callar. Nosotras estábamos desesperadas y con una bronca enorme y no podíamos quedarnos ahí quietitas. Queríamos hacer cosas, enfrentar a los milicos, insultarlos". Ibidem, pág. 79.

[28] Claramente la intención era la de ser vistas por los principales responsables del gobierno, sin intermediarios y a través de una acción que poco tuviera que ver con las prácticas llevadas adelante por el resto de los organismos. Pero curiosamente, con el paso de los años, aquella iniciativa se transformaría en una particularidad que las llevaría, tal como ellas pretendían, a distinguirse de otros colectivos de búsqueda de desaparecidos y además, a ser reconocidas en todo el mundo.

[29] Con la categoría "movimiento político" nos referimos a aquel movimiento que "viene a confundir la distribución dada de lo individual y lo colectivo, al igual que la frontera admitida entre lo político y lo social [...] Es siempre un movimiento que desplaza las fronteras, que extrae el componente propiamente político, universalista, de un conflicto particular de intereses en tal o cual sociedad". RANCIÈRE, Jacques, *El odio a la democracia*, Buenos Aires, Amorrortu, 2006, pág. 120.

Estábamos tan desorientadas —confiesa María Adela Gard de Antokoletz—. No nos dábamos cuenta de lo que era el Proceso y de la responsabilidad de Videla, como no nos dábamos cuenta del poderoso motivo económico-social que llevó a dar el golpe y a arbitrar las terribles medidas en pro de la Teoría de Seguridad Nacional. En el movimiento de las Madres, no había ninguna que tuviera actuación política, ni alguien que hubiera sido una concejal, por ejemplo; nada. Fuimos mujeres que, desde distintos estratos sociales, dejamos nuestra casa para ir a luchar a la calle. Fue la calle la que nos enseñó. Algunas teníamos un poco más de información porque nuestros hijos hablaban con nosotras. Otras, cuando argumentaban y daban testimonio de sus hijos delante de gente que venía del extranjero, decían 'mi hijo no tenía nada que ver con la política'.[30]

Resumiendo, el primer momento discursivo de las Madres de Plaza de Mayo[31] estuvo significado por la conformación del mo-

---

[30] Citado en: GORINI, Ulises, *Op. cit.*, pág. 73. "Si ustedes ven las cartas a Videla no lo tratábamos como un dictador. Lo tratábamos de Sr. Presidente, o sea que ninguna nos dábamos cuenta de lo que estaba pasando. Ninguna, ninguna, ni Azucena. Las súplicas a todos los que íbamos a ver, éramos suplicantes. Teníamos fuerza, teníamos insistencia de ir mil veces a un lugar, pero... los pedidos -sobre todo a la iglesia y a los ministerios- de la mayoría de las madres eran suplicantes. Este... no los tratábamos como enemigos, como lo que eran, con la ferocidad de lo que estaban haciendo. Y a medida de que nos fuimos dando cuenta de lo que pasaba, de las puertas cerradas, de la burla que era el Ministerio del Interior, de la incidencia de la iglesia con su complicidad y todo eso, fuimos siendo más profundas. Siempre con la misma insistencia, con la misma fuerza y todo; pero la dureza es una cosa y la fuerza para seguir es otra". "Entrevista a Hebe de Bonafini" (Parte II), Buenos Aires, 1988. Dirección URL: http://www.madres.org/asp/contenido.asp?clave=785 [Consulta: 23 de septiembre de 2008].

[31] Durante el período en el que nos estamos deteniendo aquí, 1976-1978, el nombre "Madres de Plaza de Mayo" todavía no existía. El grupo de mujeres que fueron a la Plaza el 30 de abril, y que poco a poco fue creciendo en número de madres miembros y conformando un movimiento, comenzó a ser reconocido socialmente bajo dicho nombre a partir de la realización del Mundial de Fútbol a mediados de 1978, y definitivamente al año siguiente producto de la conversión en Asociación. Tal como Hebe de Bonafini recuerda: "Cuando se hacían cosas, nosotras no éramos las Madres de Plaza de Mayo. Cuando se hacían cosas era la Liga, Familiares, las Madres no contábamos para nada. Por eso '77 y '78 no hay nada donde las Madres de Plaza de Mayo figuremos. Como en el '78 la represión es tan brutal, ya marchábamos, ya habíamos crecido, ya la policía nos había dicho 'caminen', ya caminábamos, ya usábamos pañuelo. A nosotras nos empiezan a conocer como Madres de Plaza de Mayo desde, esencialmente, el mundial, donde los periodistas vienen a la Plaza de Mayo a ver a las Madres que marchaban, pero los organismos no nos tenían en cuenta para nada. Cuando se hacían cosas, nosotras estábamos en la reunión sí, pero de palo, viste. Si no teníamos comisión, no teníamos nombre, no estábamos en ninguna parte". "Entrevista a Hebe de Bonafini" (Parte I), *Op. cit.* Hasta el momento en que se convierten legalmente en la Asociación Madres de Plaza de Mayo, se produjo una suerte de disputa por la nominación del colectivo en la que por un lado las madres demandaban ser reconocidas como madres de desaparecidos y el gobierno militar intentaba deslegitimar su reclamo. Volveremos sobre esto.

vimiento y el objetivo de ocupar la calle como acción principal para obtener respuesta acerca del paradero de sus hijos. En este momento, la identidad de las Madres se conforma a partir de la identificación de estas mujeres en la maternidad y en la diferenciación de los demás organismos y cualquier actividad política partidaria.

Ahora bien, otro elemento importante que las llevaría a reafirmar su identidad como madres, y que por lo tanto refuerza nuestra tesis, es el uso del pañuelo blanco en la cabeza:

> Cuando llega el mes de octubre -del '76- entre los organismos que estábamos funcionando se prepara una marcha. [...] Entonces empezamos a ver cómo nos identificaríamos, y una dijo "vamos a ponernos un pañuelo". "¿Un pañuelo..., y de qué color?, porque tiene que ser del mismo color". "Y bueno, blanco". "Y che, y si nos ponemos un pañal de nuestros hijos" (que todas tengamos esa cosa de recuerdo, que una guarda). Y, bueno, el primer día en esa marcha a Luján, usamos el pañuelo blanco que no era otra cosa, nada más ni nada menos, que un pañal de nuestros hijos. Y así nos encontramos, porque ese pañuelo blanco nos identificaba. En el tiempo en que llegamos a Luján nos dimos cuenta que mucha gente se acordó, después de algunos días, que esas mujeres de pañuelo blanco habían sido capaces de gritar y pedir -rezando, por supuesto- por los desaparecidos.[32]

Retomando lo dicho por las propias Madres respecto de la importancia de ocupar la calle y ser vistas, incorporamos a partir de la cita anterior un nuevo elemento, a saber, el uso del pañuelo -pañal- blanco en la cabeza. Las Madres decididamente estaban convencidas de que la manera más efectiva de ser vistas era ocupando la calle. Por ello, en un principio, comienzan a reunirse en la Plaza de Mayo para luego sumarse a todas las manifestaciones públicas organizadas en favor de la aparición de las personas y la defensa de los Derechos Humanos. Pero además, era necesario comenzar a identificarse como colectivo, distinguirse de los demás grupos y poner públicamente en evidencia el "atributo" por el cual ellas mismas habían llegado a convertirse en un movimiento y por el cual habían comenzado

---

[32] Bonafini, Hebe, *Op. cit.*

a luchar: la maternidad. Por lo tanto, el uso del pañuelo blanco tiene que ver tanto con su propio reconocimiento como madres, como con su pretensión de reconocimiento social y político como madres. Es el pañuelo blanco, o mejor dicho, el pañal blanco usado en la cabeza un elemento que necesariamente hace a la práctica de la maternidad y que las acompañará distintivamente en el transcurrir de los años. En tal caso, puede afirmarse que *no hay madre sin pañal*.

De esta manera, las Madres de Plaza de Mayo se conformaron a partir de un grupo de mujeres que, en su mayoría, nunca habían salido del ámbito privado.[33] Es decir, no pertenecían a la esfera pública ni participaban activamente de ella; su discurso pertenecía al "ruido". Son mujeres, esposas, madres, amas de casa; todas ellas habían contraído matrimonio, conformado una familia con hijos, y eran responsables activas en los quehaceres domésticos. ¿Será entonces el mismo modelo patriarcal que las excluye del ámbito público el que les permite irrumpir en él? ¿Será la misma capacidad de dar a luz vida física, la que invisibiliza políticamente a la mujer, la encargada de poner en evidencia la contingencia del orden social permitiendo vislumbrar la arbitrariedad en la distribución de lugares, competencias y funciones, como así también su sistema de legitimación? Es en algún sentido paradójico que su capacidad de dar a luz vida física sea a la vez la que las relega y la que les brinda el impulso para salir de sus *cocinas* y llegar a la Plaza. La importancia de ello radica en que la capacidad de crear vida por parte de las

---

[33] "Es muy hermoso habernos transformado de mujeres que no entendíamos nada, hace veinte años, que nos arrimábamos codo con codo porque no sabíamos qué iba a pasar, habernos transformado en esto que hoy somos: un grupo de mujeres que damos vuelta al mundo empleando nuestra voz". Discurso pronunciado por Hebe de Bonafini el 30 de mayo de 1998 en Buenos Aires. Sobre este tema también declara: "Cuando empezamos a hacer las reuniones, sin saber... Imaginate: de la cocina a la Plaza, como digo yo. Pero, bueno, alguna decía: 'Hay que levantar actas, hay que escribirlas, hay que ver lo que resolvemos'. Todo lo fuimos aprendiendo en el camino, a las patadas". Entrevista a Hebe de Bonafini realizada por DI MARCO, Graciela (UNSAM). Edición: Alejandra Brener, Buenos Aires. Dirección en URL: www.unsam.edu.ar/escuelas/posgrado/centro_educ/bonafini.pdf [Consulta: 15 de agosto de 2007]. "Tuve que dejar la casa, y bueno, ya después en mi casa no hacía nada; la prioridad era salir a buscar a mi hijo". Entrevista a Nora Cortiñas (Madre de Plaza de Mayo. Línea fundadora) realizada por Graciela Di Marco (UNSAM). En: LEBÓN, Natalie; MAIER, Elizabeth; LYNN BOLLES, Augusta, *De lo privado a lo público*: 30 años de lucha ciudadana de las mujeres en América Latina, México, Siglo XXI, 2007, pág. 126.

mujeres es una de las principales categorías patriarcales que funda y constituye el modelo de sociedad imperante bajo la dictadura militar. Pero esta cualidad de las mujeres es simultáneamente una de las causas que socavan la estabilidad del régimen en tanto que por un lado irrumpen en el ámbito de lo público dándole nombre y voz al silencio en torno de las desapariciones y por el otro, ponen en evidencia la contingencia y arbitrariedad del orden policial instituido bajo el PRN.

En síntesis, a partir de su discurso, el gobierno de facto había conformado un orden social en el que la distribución de roles y funciones, como así también su sistema de legitimación, estaba claramente delimitado. Se asignaron lugares diferenciales a la población arrojando como resultado una parte que no merece ser contada como tal, mientras que otra sí, "nosotros, los argentinos". Dentro de estos últimos, el gobierno ha reorganizado performativamente el orden de los cuerpos redefiniendo los modos del ser, los modos del decir y los modos del hacer. Así, pues, las madres fueron asignadas por su nombre al ámbito de lo privado y a desarrollarse en un rol circunscrito a las tareas hogareñas y de maternidad. Producto de las desapariciones, un grupo de madres en el ejercicio de su rol decide salir a la calle movidas por el deseo de protección y cuidado de sus hijos. De este modo, comienza la conformación de un movimiento de mujeres en el que el primer momento de identificación se encuentra en la maternidad, esto eso, en el lugar que el orden dictatorial les había encomendado. Pero paradójicamente, identificarse en su rol de madres se convierte en el inicio de la salida de sus *cocinas* para irrumpir definitivamente en la esfera pública. En consecuencia, este hecho representa la institución de una distorsión fundamental que estalla en el seno del discurso oficial desplazando lugares asignados y subvirtiendo el orden instituido. Subrayamos, la irrupción de este movimiento político significa el desplazamiento de las fronteras de la inteligibilidad social; significa que hay voces que le dan palabras al silencio y nombre a los desaparecidos. Y significa además, que hay cuerpos que materializan lo prohibido en acciones visibles. Hay una parte, que era parte sólo dentro de sus *cocinas*, que de

aquí en adelante será parte mucho más allá del ámbito domés-
tico-familiar. El concepto con el que finalizábamos el apartado
anterior encuentra aquí su momento de concreción. Mientras el
dictador reitera: "Madre, a la *cocina*". Ellas responden convencidas: "Madre, a la Plaza".

DE LA COCINA A LA PLAZA

A partir de la irrupción en la Plaza, comienza, para este grupo
de madres de desaparecidos, una nueva etapa caracterizada
tanto por la independencia manifiesta respecto a los organismos de Derechos Humanos y partidos políticos como por la coexistencia de recursos individuales y colectivos de búsqueda,
en el que los primeros van a comenzar a retroceder paulatina-
mente ante la importancia que van adquiriendo los segundos.
Las Madres comienzan, tal como ellas lo expresan, "una lucha
por la reivindicación propia".[34] Una reivindicación que aquí
proponemos entender como un proceso que implicó, por una
parte la reivindicación de sus hijos como revolucionarios —y
por ello desaparecidos—, y como contrapartida, la reivindicación de ellas mismas como madres revolucionarias; razón por la
cual ampliarán su lucha a todas aquellas manifestaciones que
pongan en cuestión las injusticias del orden social. Ambas cuestiones las llevarán, con el paso de los años, a constituirse en
uno de los principales referentes de la defensa de los Derechos
Humanos, tanto en nuestro país como fuera de él.

De este modo, sus acciones fueron aumentando semana tras
semana —como así también el número que concurría a la plaza
y la represión estatal—. Con un lenguaje propio, los métodos
de denuncia se fueron intensificando y diferenciándose cada

---

[34] "Entrevista a Hebe de Bonafini" (Parte III), Buenos Aires, 1988. Dirección de URL: http://
www.madres.org/asp/contenido.asp?clave=784 [Consulta: 23 de septiembre de 2008].

vez en mayor medida de las demás acciones realizadas por los organismos de Derechos Humanos y los partidos políticos.[35] Tal como lo expresa la presidente de MPM:

> El lenguaje político de las madres era absolutamente otro, y ahí [en las reuniones de organismos de Derechos Humanos] se hablaba de otra manera, se hablaba de otra forma. Entonces eso nos preocupaba, nos cuidábamos mucho desde el principio. A nosotras nos querían dar plata en la plaza y decíamos "no lo agarremos porque no sabemos de dónde viene". Siempre tuvimos mucho cuidado y siempre tuvimos los miedos lógicos para poder mantenernos. A nivel piel, todas nos fuimos manejando juntas y caminando juntas, teníamos la misma idea, de que había que mantener esto así a nivel madre, con el lenguaje que hablábamos nosotras.[36]

Sin una sede fija en donde reunirse, sin temarios ni órdenes del día, y con el permiso de abordar temas culinarios como recetas de cocina en las reuniones,[37] la realización de volantes, la escritura de billetes, las pancartas, los rezos en comisarías, las marchas alrededor de la Pirámide de Mayo, solicitadas en diarios y publicación de fotos y nombre de los desaparecidos se convirtieron en los principales estandartes de lucha. En palabras de Hebe:

---

[35] "En un principio la palabra ‘volante´ era una cosa absolutamente prohibida entre las madres. Hablar de volantes era hablar de desaparición, era hablar del hijo. Se lo llevaron porque hacía volantes… Entonces, un día que queríamos hacer algo, se me ocurrió que compráramos cartulina y que cada una escribiera lo que quisiera. Entonces, no sintieron las madres como que eso era un volante, sintieron que era una cartulina que escribían ellas, y era un volante duro, en vez de un volante de papel, pero era un volante… Entonces, algunas dibujaron corazones sangrantes…, pero estaba la denuncia. Entonces, ese también fue un método de crecimiento. Había que salir a la calle y repartirlo, mano en mano. Cada una se comprometió a hacer 40, 50, las que fueran. Después escribimos billetes, el dinero, que también pasó a ser un volante, que estaba de mano en mano, porque nadie lo quería tener…" "Entrevista a Hebe de Bonafini" (Parte II), *Op. cit.*

[36] "Entrevista a Hebe de Bonafini" (Parte III), *Op. cit.*

[37] "Quizás en la mitad de la asamblea, una madre saca la foto del nieto y se la empieza a mostrar a las otras setenta y te corta la asamblea media hora, o una viene y te dice como ahora el té, el café o el azúcar o, un día discutían porque una quería cortar la lechuga finita y la otra gruesa y tuve que cortar la reunión y decirles que llenaran dos fuentes una con lechuga fina y otra con lechuga gruesa para que se dejaran de pelear. Pero somos así, no podemos cambiar. Esto es de ahora así que ni te digo de antes. Si antes yo venía de La Plata -1976/77-, con todo el sacrificio. Íbamos a la casa de Juanita o de María Adela y eran unos tés de viejas gordas infernales. Un día le dije a Juanita ‘basta de sacar platitos y cucharitas hasta que nos vamos no sirvas más nada porque tenemos que hacer la reunión primero'". "Entrevista a Hebe de Bonafini" (Parte III), *Op. cit.*

nos fundamos como individualismo. Nos fuimos dando cuenta a medida que pasaba el tiempo, que todas juntas nos sentíamos mejor, que buscando entre todas era mejor, pero siempre —todavía— sin pensar que todas teníamos que buscar a todos. Hacíamos un pedido en conjunto, pero cada una –aparte– hacía su pedido. Hacíamos un *habeas corpus* con el nombre de todos, cada una el suyo, aunque lo hacíamos juntas. Fueron pasos. Se empezaron a pedir documentos a las madres en la plaza. A las madres más tímidas, a las que recién llegábamos: ¡No! Vamos a dárselos a todos los documentos. Otro paso fue decidir ir todas presas cuando iba una, o cuando iban dos.[38]

En síntesis, la trayectoria de los dos primeros años de las MPM nos permite afirmar que estas mujeres irrumpen en el ámbito público no como simples ciudadanas que reclaman por un derecho de forma individual, sino que lo hacen como un grupo de madres que constituyen su reclamo en una lucha colectiva. Acceden a la esfera pública como mujeres concretas que defienden su capacidad de crear vida conjuntamente con todos los "atributos" que el pensamiento patriarcal les ha impuesto. Es decir, actúan y se posicionan políticamente como madres. Estas mujeres van *de la cocina a la plaza* demandando al gobierno, a los medios de comunicación y a la opinión pública nacional e internacional su reconocimiento como "madres". Ellas se inscriben como "seres parlantes" en un destino colectivo en tanto que por su condición de mujeres que dieron vida tienen derecho a conocer el paradero de sus hijos, pero además, como madres, ellas consideran que tienen la obligación de defender el derecho a la vida, a la vez que continuar con la lucha emprendida en favor de la aparición de aquellos jóvenes que "las parieron".[39]

---

[38] "Entrevista a Hebe de Bonafini" (Parte II), *Op. cit.*

[39] Cabe destacar que la frase "nos parieron" es frecuentemente utilizada por las Madres para referirse a ellas mismas debido a que consideran que nacieron en el momento en que desaparecieron sus hijos. Por esto expresan al referirse a sus inicios: "Nuestros hijos nos parieron. Vos sabés que eso de que nuestros hijos nos parieron es verdad. Yo lo tomé desde la realidad más pura: nuestros hijos desaparecieron, y nacimos nosotras. Yo, hasta el 7 de febrero de 1977 era todo lo que viví en el pueblecito chiquitito donde me crié. Y el día en que me desapareció mi hijo me convertí en Hebe de Bonafini". Fragmento extraído de entrevista a Hebe de Bonafini realizada por DI MARCO, Graciela (UNSAM), *Op. cit.*

Al afirmar que las Madres van *de la cocina a la Plaza*, estamos diciendo que las Madres se desplazan por el orden policial de un lugar a otro, es decir, van de lo privado a lo público, de la familia a la política, y del silencio a la palabra. De pronto estas mujeres subvierten el orden y resignifican los límites no sólo del lugar propio de las mujeres-madres irrumpiendo en asambleas, reuniones, organismos públicos y la Plaza de Mayo, sino que también resignifican los límites del campo social y la línea divisoria entre lo público y lo privado producto del avance del primer ámbito sobre el segundo, hasta márgenes no contemplados por el gobierno militar. Finalmente, afirmar que estas mujeres van *de la cocina a la Plaza*, significa afirmar que estas mujeres distorsionan el proceso por el cual se las silenciaba a la privacidad de la familia. Las Madres rompen con la invisibilización de las mujeres en el ámbito de lo público y comienzan a participar del mismo mediante el uso de la palabra. Es por todo lo dicho, que consideramos al discurso de las MPM durante los primeros dos años de la dictadura militar como un momento de emergencia de lo político, como un momento de ruptura de normas sedimentadas en las bases de la sociedad[40] y como un momento de irrupción de lo no visible en el campo de lo visible.

Ahora bien, la categoría "madre", entendida bajo el modelo de orden nacional impuesto y difundido por el modelo dictatorial, autoriza a las mujeres a ejercer su rol de ama de casa, de esposa, y principalmente de madre. Como consecuencia de ello, el discurso militar deslegitimó de inmediato tanto las palabras y acciones de las MPM como su presencia en la Plaza, trasladándose esto a los medios masivos de comunicación y a la sociedad en su conjunto. Mediante diferentes producciones discursivas —y hasta incluso represivas— el gobierno de facto había reiterado una y otra vez el lugar que le correspondía a la mujer y el rol que debía cumplir dentro de la familia en particular y

---

[40] Insistimos en este punto en que la dictadura militar si bien conformó un orden policial propio, lo hizo sobre una serie de normas e instituciones construidas a lo largo de la historia. Por lo tanto, la organización de los cuerpos según el pensamiento patriarcal, cristiano y occidental no es una novedad del Proceso de Reorganización Nacional. Más bien, el gobierno de facto resignifica los lugares y divisiones de la población incorporando nuevas exclusiones, pero afianzando y renovando las huellas patriarcales, cristianas y occidentales que han llevado a conformar una política diferencial de lo géneros.

dentro de la sociedad en general. Es decir, la apropiación que realiza la dictadura de la categoría "madre" está sujeta a un contexto de enunciación en el que subyacen los valores occidentales y patriarcales; el ser madre en los años del régimen no sólo era confinarse al espacio de lo privado, bajo la sumisión al esposo, desarrollando las tareas hogareñas y velando por el bienestar de sus hijos, sino que ser madre es además —y fundamentalmente— cuidar y proteger a estos últimos de las ideas terroristas. Reiteramos: repetición y desplazamiento son partes de un mismo proceso. El discurso militar cristaliza aún más los valores occidentales y patriarcales en el orden social a la vez que renueva los campos de significación; mediante la reiteración, la categoría "madre" oculta las huellas de su historia y deja lugar a los desplazamientos continuos y contingentes producto del proceso de iteración. Por lo tanto, con la emergencia de las MPM se produce una suerte de batalla semántica en la cual los términos "madre" y "mujer" se encuentran sujetos a una disputa por su significación. ¿Qué significa ser madres? ¿Qué prácticas corresponden a la maternidad? ¿Cuál es el lugar que les corresponde a las mujeres en la configuración sensible, en el caso que haya un lugar? ¿Es posible pensar la categoría "madre" bajo otro referente? Estamos ante un momento en el que la dictadura y las Madres confrontan por las categorías de significación, por sus referentes y fundamentos, en un espacio público que no autorizaba oposición ni contradicción. El momento de emergencia de lo político, producto de la irrupción de las MPM en la escena pública, está caracterizado por una distorsión fundamental que desplaza, como parte de un mismo proceso, las fronteras de inteligibilidad social y las categorías del lenguaje hacia nuevos campos de significación. Denominamos aquí, entonces, "batalla semántica" al estallido producido en las categorías del discurso dictatorial como consecuencia de la disputa política por el punto en el que los referentes terminan de desplazarse y finalmente encuentran su momento de anclaje, aunque no olvidemos, siempre inestable y contingente.

En este punto es importante recordar que "las bases políticas (universalidad, igualdad, sujeto de derechos) fueron constituidas mediante exclusiones raciales y de género y por una fusión de la política con la vida pública que vuelve pre-político a lo privado",[41] lo que ha llevado a hacer a la mujer políticamente invisible. En consecuencia, ¿cómo podía explicarse que estas mujeres, sin experiencia política alguna, se estuvieran convirtiendo en un problema? ¿Cómo era posible que estas amas de casas fueran las responsables de la formación de un movimiento que tendría tal envergadura? ¿Cómo podía explicarse que habiendo desarrollado un campo discursivo para eliminar a la oposición, que aseguraba además un amplio consenso social para reprimir, y que enfrentaba victorioso a la subversión, se encontraran frente a un movimiento que denunciaba el genocidio sin empacho alguno? Y más aún, ¿cómo entender que las responsables de dicho movimiento fuesen aquellas mujeres amas de casas fecundas para la procreación de los hijos pero estériles más allá del hogar? Entonces, ¿cómo enfrentar a esas mujeres que exaltaban públicamente su condición de madres, figura consagrada y resaltada en los discursos militares?

La primera respuesta a todo ello se produjo mediante la estigmatización de su accionar: son las "locas de la Plaza de Mayo". Son "locas" que dicen lo que no puede ser dicho y muestran lo que no debe ser mostrado. Son "locas" que disputan los límites de lo decible y aparecen como sujetos concretos cuando en realidad no habían sido contados como "parte de los que tienen parte". Pues, la identificación del discurso de las Madres con los atributos de la locura y de la subversión terrorista busca convertir a dichas palabras en algo impronunciable. A través de la patologización del movimiento se intenta descalificar moral y psíquicamente a quienes desafían la hegemonía construida por la dictadura —aceptada por miles de argentinos— la cual pretendía desconocer la existencia de los desaparecidos. Entonces, si para producir lo que constituye la esfera pública es necesario controlar tanto el modo como el contenido de lo que la gente puede ver, escuchar, leer, sentir y conocer, oficialmente aquellas madres de subversivos están "locas", actúan por fuera de la razón, están enfermas, descuidan el hogar por buscar a

---

[41] Citado en: BUTLER, Judith, *Fundamentos contingentes...*, Art. cit. pág. 44.

sus hijos cuando en realidad debían de haberlos protegido anteriormente, o más bien deberían de haberlos denunciado ante la autoridad competente. No son dignas de ubicarse dentro de los límites de las ontologías accesibles; su discurso no es más que un mero "murmullo" y sus palabras no pertenecen a otro lado que al "ruido".

No olvidemos que las palabras tienen una historia que las constituye y las precede. Por lo tanto, la categoría "madre" también está sujeta a una serie de prácticas que se han cristalizado con el correr del tiempo, y como producto de ello le confiere a las mujeres que han dado a luz un rol y un lugar determinado, que en apariencia describe atributos exclusivos, como son el cuidado de los niños, la sumisión al esposo, la confinación a las tareas domésticas, etc. Es por ello que no fue para nada difícil catalogar de "locas" a las MPM, ni mucho menos aún que el resto de la sociedad avale tal apelativo. Pero lo que la dictadura nunca supo es que ya estaba ejerciendo un acto de reconocimiento para con las Madres, les estaba dando un nombre —"Las locas de Plaza de Mayo"—, y sólo el que tiene nombre puede hablar, puede ser contado, puede ocupar un lugar en el espacio de lo visible y, por lo tanto, puede subvertir las categorías. Estas mujeres confrontaron con la dictadura por los términos de significación; resignificaron y se apropiaron del lenguaje al punto tal que en pocos meses dejaron de ser las "Locas" para ser "Las Madres de Plaza de Mayo".

Así, pues, a pesar de la represión, las "locas" rompen con la narrativa vigente, se hacen visibles para quienes quisieran verlas y organizan su movimiento desde un espacio público como la Plaza. Acompañadas por este proceso, ampliaron sus canales de reclamos hasta los medios masivos de comunicación y comenzaron a definir su lucha en términos tales de "por la vida". Tales palabras reflejan uno de sus principales objetivos, ya que desde su emergencia como colectivo consideraron su lucha sinónimo de amor por la vida, por el otro, por la solidaridad, por la alegría, por la sangre y el vientre, por los hijos y por los jóvenes.

Convencidas de que accionando mujeres como mujeres logra-
rían no sólo obtener respuesta acerca del destino de los desaparecidos, sino también continuar la lucha que habían comenzado
sus hijos, se convirtieron en un movimiento político y obraron
en consecuencia. En otros términos, la igualdad que sentían
entre las mismas Madres, la negación a la participación mascu-
lina en el movimiento, y sus demandas de reconocimiento como
mujeres-madres es lo que les permitió llevar adelante una participación pública permanente, caracterizada por fuertes reclamos y denuncias hacia el régimen, porque como dijo Hebe
de Bonafini: "por encima de razas, religión y partidos políticos,
están los chicos. Y eso ellos [los padres] no lo pudieron pasar.
Se peleaban entre ellos. Por los partidos".[42] Por otra parte, el
salir a la calle, los gritos, los llantos, las marchas, los escra-
ches, la resistencia, etc. sólo lo podían hacer las madres posi-
bilitadas por las licencias que el modelo patriarcal les confiere
a las mujeres. Es decir, las mujeres lloran —los hombres no—,
las mujeres son débiles —los hombres fuertes—, la tradición no
permite a los militares —hombres— "maltratar madres" en el
espacio público, pero a los padres, sí.[43] En consecuencia, ellos
no podían participar de la Asociación porque, como las Madres
dicen, "los hubieran matado, los hubieran llevado presos".[44]

En otras palabras, la irrupción de mujeres en el ámbito público
defendiendo el atributo que las convierte en tales —a saber,

---

[42] Entrevista a Hebe de Bonafini realizada por Graciela Di Marco (UNSAM), *Op. cit.*

[43] Las mujeres -al igual que los niños, ancianos y discapacitados- han sido y son consi-
deradas en nuestro orden social como un grupo de mayor vulnerabilidad que los hombres
fuertes y viriles, por cuanto tradicionalmente se las considera merecedoras de un trato
diferencial por parte de los varones, principalmente en lugares públicos. Como consecuencia, la represión sobre las Madres difundida por los medios de comunicación y el caso omiso
a sus reclamos y denuncias por parte de las autoridades políticas tiene un impacto mucho
mayor sobre la opinión pública mundial que si lo hicieran sobre un grupo de hombres. Esto
es constantemente remarcado por las Madres en diversos discursos y entrevistas y sobre
este punto es que ellas justifican gran parte de sus logros y concreciones.

[44] "Porque una cosa es caer las madres -a la Plaza-, y otra cosa es que si hubiésemos llevado a los padres, hubiera sido distinto. Porque nosotras les decíamos -a los militares- de
todo, los insultábamos. Entrar al Comando 1° del Ejército y decirles *se llevaron nuestros
hijos, pero ustedes son unos cornudos. Cuando te decían y su hijo será un perejil, señora.
Sí mi hijo será un perejil pero usted es un cornudo.* Eso los padres no lo hubieran podido
hacer. Gritar, patalear, hacer un escándalo, también llorar, llorar y gritar". Fragmento de
Entrevista a Nora Cortiñas (Madre de Plaza de Mayo. Línea fundadora), DI MARCO, Graciela
(UNSAM), *Op. cit*, pág. 127.

la capacidad de dar a luz vida física— y poniendo de manifiesto un conjunto de "valores característicos" de las mujeres[45], como son la maternidad y el cuidado que llevan a cabo en el ámbito privado y familiar, no es otra cosa que la institución de una distorsión en la configuración sensible de los cuerpos incorporando una maternidad que mediante distintas acciones se politiza logrando darse nombre y voz en el orden policial. Lo primero fue quitar el nombre del hijo del pañuelo. Luego dejar las fotografías bajo la consigna de que "si se lleva la foto del hijo en el pecho no se lucha por todos". Y así, a partir de aquel momento todos los desaparecidos serían hijos de todas, y todas ellas, las Madres de Plaza de Mayo, las Madres de los treinta mil desaparecidos:[46]

> todos pasaron a ser nuestros hijos y no se podía hablar más de terroristas. Desde entonces, el movimiento sólo creció y recibió apoyo de todas partes del mundo. La primera casa de la Asociación Madres de Plaza de Mayo vino con el dinero mandado por las mujeres holandesas. Y las Madres ente dieron que debían levantar sus banderas no sólo por los hijos, sino por la lucha social, por la educación, por la salud, por la comunicación.[47]

De este modo, las Madres ya no sólo fundamentarán su reclamo en los lazos de sangre —esto es, en la búsqueda de su propio

---

[45] Es importante destacar que al referirnos a "valores característicos de las mujeres" hacemos alusión a valores que se presentan como atributos naturales que conformarían a la mujer como mujer. Sin embargo, entendemos que no son otra cosa que imposiciones contingentes y arbitrarias del modelo patriarcal que ha llevado a identificar a la mujer con la madre, el hogar y el cuidado tierno y responsable de su familia. Subrayamos, bajo ningún concepto consideramos que las tareas características de la mujer conformen un rasgo esencial.

[46] "Nosotros socializamos la maternidad en un momento político muy duro, muy duro, donde éramos acusadas de madres de terroristas y de madres terroristas. Y ante esa acusación tan fuerte, todas las madres tenían mucho miedo. Entonces, venía un periodista y le preguntaba y decía: *mi hijo no hizo nada, se lo llevaron por el amigo, se lo llevaron por la mujer, se lo llevaron por el primo.* Y entonces empezamos un día, nos reunimos y charlamos mucho con otras compañeras, y dijimos que lo que teníamos que hacer era socializar la maternidad y hacernos madres de todos. Entonces, ninguna madre iba a poder decir: *mi hijo no hizo nada.* Madres de los guerrilleros, madres de los revolucionarios, madres de la noche de lo lápices, de los palotinos, de los alfabetizadores, de los maestros, de todos. Sacamos el nombre del hijo del pañuelo y no llevamos más la foto con el nombre. Todos pasos, con el tiempo, que la madre necesitó. Para que cuando a la madre le vengan a preguntar, diga: *sí, somos madres de 30 mil.* Entrevista a Hebe de Bonafini realizada por Graciela Di Marco (UNSAM), *Op. cit.*

[47] Entrevista a Hebe de Bonafini realizada por Raquel MOISÉS (Periodista - Brasil), Buenos Aires, 2006. Dirección URL: http://www.madres.org/asp/contenido.asp?clave=2064 [Con-

hijo—, sino en una razón política que las llevará a convertirse en uno de los pocos movimientos que disputarán la calle al gobierno de facto para llegar a constituirse en el mayor símbolo nacional e internacional de defensa de los Derechos Humanos y oposición a la dictadura. Por lo tanto, estamos aquí ante una de las particularidades del movimiento de las Madres. La desaparición de personas produce en la relación madre-hijo un proceso que, en combinación con una serie de variables políticas y sociales anteriormente expuestas, produce la emergencia de una nueva práctica de la maternidad que articula de un modo diferente lo privado y lo público, lo familiar y lo político. En otros términos, el amor materno fue una de las condiciones subjetivas que llevó a cada una de estas mujeres a luchar por la aparición de su hijo, pero algo nuevo se suscitó, un nuevo amor, un nuevo elemento se incorpora a la categoría "madre", una nueva forma de ejercer la maternidad que dio sustento al pasaje que va de la búsqueda individual del hijo a la lucha colectiva por todos los hijos.[48] Dicho de otro modo, con la irrupción de las Madres en la Plaza, las desapariciones dejaron de ser una problemática familiar para ser una problemática por la que demandaban y luchaban centenares de mujeres.[49] Las Madres comenzaron con

---

sulta: 23 de septiembre de 2008].

[48] Es por ello que, luego del desconcierto, luego de categorizarlas como "las locas", y a partir del paulatino avance sobre la esfera pública, la dictadura las atacará de forma directa, al punto de hacerlas víctimas de la desaparición, medida dirigida hasta ese entonces casi exclusivamente contra subversivos y terroristas. Durante el mes de diciembre de 1977, y en un clima de creciente represión por parte del régimen dictatorial, son secuestradas tres de las Madres, a saber, Azucena –líder hasta ese entonces del movimiento-, Mary y Esther. De los testimonios se desprenden que la dictadura resuelve hacer víctimas de la desaparición a tres de "las mejores madres" -tal como las catalogan sus compañeras-. "En realidad, Azucena nunca había pensado que no correrían peligro, sólo había creído que invocando la defensa de la vida desde la propia maternidad, con exclusión de todo otro reclamo, serían menos vulnerables y, sobre todo, incuestionables desde cualquier punto de vista. No, ella no se había equivocado. Además, habían comprobado su acierto una y mil veces al conversar con periodistas extranjeros, al ver el aprieto en que se ponía la policía cuando decidía reprimirlas, y sobre todo cuando el gobierno las calificó de locas porque no encontraba otra forma de desvirtuar sus denuncias". GORINI, Ulises, *Op. cit.*, pág. 189.

[49] El 14 de abril de 1977 fueron sólo catorce madres a la Plaza de Mayo. Sin embargo, el crecimiento de este grupo de mujeres se produjo rápidamente. Para los primeros días de diciembre del mismo año, más de doscientas madres se reunían en la Plaza, y para mediados del año próximo cerca de quinientas madres ya marchaban alrededor de la Pirámide de Mayo. Luego de la realización del Mundial de Fútbol en junio del '78 el número de madres continuó creciendo a pasos agigantados, pero además comienzan a sumarse a las movilizaciones y manifestaciones del movimiento diversas organizaciones de familiares y

la búsqueda de su propio hijo y continuaron por un proceso en el que las relaciones de familia fueron retrocediendo ante el avance de nuevas prácticas de la maternidad. En el momento en que las Madres deciden luchar por "los treinta mil", estas mujeres ya no son madres de sus hijos de sangre, son madres de todos los desaparecidos; y formar parte del movimiento de madres de desaparecidos significa luchar por un hijo que no se parió del vientre propio.[50] Volvemos, de este modo, al concepto mediante el cual ellas mismas se definen: "nuestros hijos nos parieron". Las Madres son madres de todos los desaparecidos, y más tarde serán también madres no sólo de los desaparecidos de la dictadura.[51] El proceso de resignificación de la categoría "madre" implica, entonces, un proceso de vaciamiento no sólo de dicha categoría, sino además del contenido de la lucha de las MPM.

Antes de finalizar, es importante señalar que esta politización no implica de modo alguno el abandono de las tareas de las mujeres sino que, por el contrario, subraya su identidad como madres; porque ellas politizan la maternidad "sin dejar de ser madres ni renegar de lavar los platos".[52] Al respecto la Madre Nora Cortiñas señala:

> Cuando pasan los años, yo me acuerdo de esa escena bien, como que nosotras mostrábamos además adentro de nuestra casa, que salíamos a buscar a nuestros hijos, pero que cumplíamos con nuestro rol de madres adentro de la casa, aún cuando los maridos ayudaban. En mi caso, no solamente mi marido sino mi nuera que vivía con nosotros, mi hijo Marcelo

---

defensa de los Derechos Humanos, como así también un importante número de ciudadanos argentinos y periodistas nacionales e internacionales. Para un mayor desarrollo de las MPM a partir del mundial, ver el Capítulo III de este trabajo.

[50] "Uno puede parir muchos hijos de distinta manera... Los paridos del vientre y los paridos del corazón no tienen ninguna diferencia". Entrevista a Hebe de Bonafini realizada por Rosa Miriam ELIZALDE (Periodista - Cuba), Buenos Aires, 1998. Dirección URL: http://www. madres.org/asp/contenido.asp?clave=787 [Consulta: 23 de septiembre de 2008].

[51] Ver capítulo III.

[52] La categoría "politización de la maternidad" es utilizada por las Madres de Plaza de Mayo desde sus inicios: "Nosotras somos una organización política sin partido. Esto es lo que somos. Politizamos la maternidad desde el mejor lugar: sin dejar de ser madres ni renegar de lavar los platos. Porque ésa es la historia". Entrevista a Hebe de Bonafini realizada por Graciela Di Marco (UNSAM).

también. Pero igual, el doble rol lo teníamos y estábamos pensando "Uy... me vine hoy desde la mañana y no compré pan". O yo por ejemplo cocinaba, hacía un guiso a las seis de la mañana, porque me tenía que ir a las ocho y dejar la comida hecha, y mi marido decía *"Qué olor, desde las seis de la mañana!"*. *"Y sí, sino ponete a cocinar vos. Yo les dejo la comida cuando tengan hambre comen"*. Y todas esas cosas, pero esas cosas del doble rol. Pensar que me voy, pero tienen esto, tienen aquello.[53]

Las Madres no pueden deshacerse por completo de las prácticas que las convierte en esposas, amas de casas y en madres. Recordemos que las categorías del lenguaje poseen una opacidad, que si bien está disimulada en su propia historicidad, actúa necesariamente como condición de posibilidad e imposibilidad de toda nominación. No obstante, el proceso iterativo deja su brecha para una nueva alteración. Se produce un desplazamiento desde la posición de sujeto "mujeres amas de casa" a la de "madres de los 30.000" que van *de la cocina a la Plaza*, sin que por ello se abandone la primera.

En síntesis, estas mujeres comenzaron una lucha semántica por el contenido de la categoría que las constituye como colectivo: "madre". Fue la performatividad del lenguaje la que les permitió apelar a la cita para luchar por la aparición de sus hijos. La incompletud de los términos y las inestabilidades a los que están sujetos brindaron el canal para que estas mujeres se reapropiaran de ellos y comenzaran a disputar por su significación. Implotaron el contexto de enunciación del discurso militar y pusieron de manifiesto los desplazamientos a los que está sujeto el lenguaje y toda identidad. Pero además, no pudieron deshacerse por completo de las prácticas cristalizadas en el lenguaje y las normas ya instituidas. Siguieron siendo madres preocupadas y hasta culpables por no realizar las tareas que les "corresponden", pero también inauguraron una nueva práctica que articula de un modo diferente la maternidad y la política. Las MPM pusieron en evidencia que reiteración y desplazamiento son parte de un mismo proceso que necesariamente

---

[53] Entrevista a Nora Cortiñas (Madre de Plaza de Mayo. Línea fundadora) DI MARCO, Graciela (UNSAM), *Op. cit.*, pág. 127.

acompaña la realidad que vivimos, que la constituye, que nos constituye, y deja paso a la manifestación de los fundamentos contingentes e inestables de toda categoría e identidad.

CAPÍTULO 3
En la cocina y en la Plaza... ¿Madres?

"Mientras no obtengan respuesta a su ruego serán una bomba de tiempo".[1]

"No nos dábamos cuenta que el pañuelo se iba a convertir en un símbolo mundial del grito y la lucha contra la injusticia".[2]

Durante el transcurso del capítulo II analizamos lo que proponemos comprender en el presente TFG como el primer momento discursivo de las Madres de Plaza de Mayo. De este modo, introducimos al lector mediante una breve reseña del contexto de emergencia de dicho movimiento, para detenernos luego en su proceso de conformación y en las implicancias que ello produjo, según los objetivos propuestos. En primer lugar, hemos podido demostrar que el momento de emergencia de las MPM estuvo signado por el comienzo de una lucha discursiva capaz de resignificar la categoría "madre". En este sentido, la categoría en cuestión se convirtió para este grupo de mujeres en un lugar de apertura para no sólo ir *de la cocina a la Plaza*, sino también para subvertir el significado del término, vaciarlo de contenido, socializar la maternidad y convertirse en las madres de los 30.000 desaparecidos, disputando una permanente batalla semántica contra la dictadura militar. En segundo lugar, consideramos que las MPM son responsables de generar una nueva articulación entre lo público y lo privado. Esto es, este grupo de madres que salieron a la calle con el fin de saber si sus hijos estaban vivos o muertos, se constituyó en un movimiento político que irrumpió en el orden social para subvertirlo y desplazar la línea divisoria entre lo público y lo privado en favor de la primera. Producto de la conformación colectiva de las Madres, la mujer-madre emerge como un actor político concreto que disputa las calles al gobierno dictatorial. Estas mujeres van de la *cocina a la Plaza* y *de la Plaza a la cocina*; de lo privado a lo público y de lo público a lo privado incorporando nuevas prácticas de significación a la categoría "madre"; son mujeres-

---

[1] The Buenos Aires Herald, "Una bomba de tiempo político", 17 de mayo de 1978. Citado en: GORINI, Ulises, *Op. cit.*, pág. 201.

[2] Discurso pronunciado por Hebe de Bonafini, Presidente de la Asociación Madres de Plaza de Mayo el 4 de octubre de 2007. Capital Federal, Buenos Aires. Dirección de URL: http://www.madres.org/asociacion/publicaciones/publicaciones.asp [Consulta: 16 de octubre de 2008].

madres que ya no se identifican sólo con la familia y el hogar. Finalmente, intentamos dejar en claro en las páginas anteriores que este es un momento en el que las MPM están preocupadas por ocupar el espacio público, salir de sus *cocinas*, ser vistas y reconocidas como "madres" en un contexto en el que no sólo no se las escucha, sino que además no tienen voz. Estas mujeres definen dicho momento a partir de la lucha por la conformación de un colectivo constituido por mujeres en un contexto de emergencia dictatorial en el cual no se admitía manifestación pública alguna en oposición al gobierno.

Ahora bien, en el transcurso del capítulo III analizaremos un nuevo momento en la trayectoria de las MPM. Este segundo momento discursivo tiene su inicio en el año 1978 y se extiende hasta la crisis de 2001. La realización del Mundial de Fútbol en nuestro país a mediados del '78, consideramos que trajo aparejado una serie de sucesos que en cierta medida modificaron el rumbo de las Madres marcando diferencias respecto a la lucha y objetivos que habían planteado durante sus primeros dos años de conformación. Durante este período, las Madres iniciarán un proceso de consolidación e institucionalización del movimiento, en el cual la resignificación de la categoría "madre" se profundiza y trae aparejado nuevas implicancias para el ámbito de lo público. Una vez que estas mujeres conformaron un movimiento político con capacidad concreta de acción, y una vez que fueron vistas y escuchadas, surgieron nuevos objetivos. Las Madres resignificaron su lucha y reconstituyeron su movimiento en nombre de los Derechos Humanos, el pueblo y la justicia.

DE LA PLAZA AL MUNDO

La realización del Mundial de Fútbol en la República Argentina a mediados del año 1978 fue un acontecimiento clave para el desarrollo de las Madres de Plaza de Mayo. Sumado a una serie de variables contextuales y al desarrollo colectivo que habían alcanzado, el Campeonato Mundial gestó un proceso de consolidación e institucionalización del movimiento que se caracterizará por una redefinición tanto del funcionamiento interior, como del rol que ocuparán en el orden social, y en la subversión del mismo. En pocas palabras, un nuevo momento discursivo se inicia en la historia de las MPM.

Con una intensa campaña de difusión, el gobierno de facto se embarcó en el objetivo de promocionar una imagen del país pacífica y respetuosa de los Derechos Humanos. Se mostraba al mundo lo derechos y humanos que éramos los argentinos. "El Mundial también es confraternidad... y usted juega de argentino", repetía la campaña oficial transmitida por la gran mayoría de los medios de comunicación locales e internacionales. Mediante la exaltación de los valores nacionales y el orgullo de pertenecer al "nosotros, los argentinos" la dictadura militar no sólo proyectaba el país a escala internacional sino que también promovía una campaña que denominaba "antiargentinos" a todos aquellos que cuestionaran la realización del Mundial o denunciaran cualquier acto de violación a los Derechos Humanos ocurrido dentro del país.[3] Tal era la hegemonía de dicho discurso, que en vísperas de la inauguración del campeonato el nivel de compromiso y complicidad de amplios sectores de la sociedad argentina con la dictadura alcanzaría su grado máximo. Por otra parte, las MPM parecían ser las únicas en brindar una interpretación alternativa respecto de la realización de dicho evento deportivo. Para ellas, el Mundial era una de las tantas herramientas empleadas por la dictadura para fortalecer la adhesión al régimen y continuar ocultando la represión, desapariciones y campos de detenciones clandestinos. Claro está que nuevamente las "Locas" habían perdido la razón.[4] Nunca hasta

---

[3] La dictadura profundiza un discurso que lleva a delimitar claramente cuáles son los cuerpos que merecen ser contados como parte de la Nación y cuáles son los que permanecerán fuera de dicho límite. Subversivos, terroristas y ahora además explícitamente "antiargentinos". Vemos, entonces, el modo en que el gobierno continúa con la construcción de un "nosotros, los argentinos" que mencionábamos en el Capítulo II.

[4] "Quiero decirles que en 1977, cuando ya se proponía lo del Mundial, a fines de año, para el mes de noviembre, Monseñor Plaza decide hacer una 'noche heroica' en La Plata para mostrar que no pasaba nada y que el Mundial iba a ser una cosa hermosa y que en La Plata no pasaba nada. Y decide hacer una 'noche heroica' con todos los estudiantes de las escuelas católicas. Que fueran convergiendo de las distintas diagonales hasta la Plaza Moreno. Y nosotras decidimos ir. Las Madres nos pusimos con el Colegio Marista [...] Cuando la policía

ese entonces las Madres sintieron no sólo la indiferencia de la prensa local, sino la condena y el aislamiento de la opinión pública que las etiquetaba de "antiargentinas". Al respecto una de las protagonistas, Juana de Pargament, reflexiona:

> Me sentía extraña en mi propio país y en mi propia familia. Nadie nos entendía. ¿Cómo podía ser que solamente nosotras pensáramos así y que nadie se diera cuenta?[5]

Al respecto, Hebe de Bonafini agrega:

> en esa época éramos despreciadas, las familias nuestras pasaron a ser las familias de los "terroristas", se nos cerraban las puertas, así que era poca la gente con las que uno podía conversar. Pero con las madres éramos todas iguales, nos pasaba lo mismo y veíamos la misma gente.[6]

Los medios extranjeros tampoco demostraban pretensiones de cuestionar al gobierno ni investigar el grado de veracidad de la denuncia de las "Locas". De este modo, el objetivo del régimen empezaba a cumplirse. Sin embargo, la dictadura reitera su error al evitar creer que las cosas siempre pueden ser de otra manera; una sociedad reconciliada consigo misma es siempre una ilusión inalcanzable. Nuevamente, las "Locas" serán las responsables de poner en evidencia el carácter contingente y antagónico del orden social imperante.

En vísperas del Mundial, las Madres continuaban ocupando la Plaza, pero ahora con un discurso que ya no resultaba ingenuo respecto a la responsabilidad del gobierno sobre las desapariciones. Con el claro objetivo que hasta ese entonces las había llevado hasta la Plaza, estas mujeres percibieron que la tras-

---

nos vio nos empezó a seguir, [...] cuando nos arrimábamos a la Plaza Moreno, nos empezó a rodear para aislarnos del grupo, empezamos a rezar. Y como les tienen tanto miedo a Dios, nos dejaron que rezáramos. Y rezábamos Padres Nuestros y Aves Marías y rosarios, uno atrás del otro, hasta que llegamos a la puerta de la Catedral [...] Y nos instalamos en la Catedral y los jóvenes que estaban afuera vinieron a ver quiénes éramos, porque ellos no lo sabían. Y les empezamos a contar [...] Y un grupo de jóvenes, que estudiaban en esas escuelas católicas, les fueron a decir a la Plaza que ellos no iban a guitarrear [...] Y cada uno se fue a su casa, las únicas que no nos fuimos nosotras". Bonafini, Hebe, *Op. cit.*

[5] Citado en: GORINI, Ulises, *Op. cit.*, pág. 215.

[6] BONAFINI, Hebe, *Op. cit.*, En este fragmento, Hebe se refiere puntualmente a la relación entre ellas y el resto de la sociedad durante los últimos meses del año '77 y principios del '78. Nuevamente aquí aparece la importancia del sentimiento de igualdad entre las madres.

cendencia internacional de la Copa las podría llevar a ser vistas en diferentes partes del mundo. En consecuencia, los mecanismos de denuncia fueron profundizados.[7] A través de sus voces denunciaban las desapariciones y reclamaban por sus hijos, sabiendo que de lograr la atención de los periodistas extranjeros, en un contexto de aumento de la represión y mayor indiferencia de la prensa local, tanto sus vidas como la permanencia del movimiento estarían bajo mayor resguardo de la represión estatal. En este sentido, Hebe de Bonafini comenta:

> En el Mundial, como les dije, sufrimos mucho. Sufrimos la indiferencia del pueblo. Los medios de comunicación, que eran terribles. El ataque desde el exterior diciendo que éramos antinacionales los que hablábamos en contra del Mundial. Pero también vimos que cuando inició el Mundial, había más periodistas extrajeros en la Plaza que en el propio Mundial. Y que Holanda, en vez de pasar el inicio del Mundial, cuando éste comenzó pasó a las Madres marchando en la Plaza.[8]

Mientras la totalidad de los medios nacionales y la mayor parte de los internacionales difundían el espectáculo y discurso de la dictadura, la televisión holandesa transmitió para las pantallas de ese país una silenciosa marcha protagonizada por un grupo de mujeres con pañuelo blanco en sus cabezas alrededor de la Pirámide de Mayo. Esta decisión de los medios holandeses en pocos días se transformó en un efecto multiplicador. Reporteros

---

[7] A la realización de solicitadas, cartas a diferentes autoridades gubernamentales y pedidos de audiencias, comenzarán a sumarse nuevas acciones. En los meses previos al Mundial, "cuando vino Terence Todman –funcionario norteamericano– nosotras fuimos a la Plaza; Videla mandó a un emisario, [...] un emisario que mandaba la dictadura para que nos fuéramos, y que si nos íbamos Videla nos iba a atender. Claro, eso ocasionaba que algunas madres dijeran *mejor que nos vayamos y nos atienda Videla*; y otras decíamos *no, igual no nos va a atender*. Y nos quedamos agarradas entre nosotras, agarradas a una columna. Entonces mandaron milicos como para la guerra, armados, con cascos, para que nos fuéramos. Y les dijimos que no nos íbamos a ir. Entonces ellos pidieron que apunten, y cuando dijeron *apunten* nosotras gritamos *fuego*. Y ese gritarles fuego hizo que todos los periodistas que estaban para verlo a él –Terence Todman– vinieran a ver quiénes eran esas mujeres –que no éramos más de 300– que habían hecho esa acción tan fuerte que sirvió para que saliéramos ya en muchos periódicos. Cuando vino –Cyrus Vance funcionario del gobierno estadounidense– fuimos a la Plaza San Martín, cuando ponían la ofrenda floral, y también gritamos y pedimos por nuestros desaparecidos, y también hicimos que la prensa se interesara". Ibidem. Al hablar de "prensa" Hebe de Bonafini se está refiriendo a la prensa extranjera. Ninguna de estas acciones se difundieron a gran escala en nuestro país.

[8] Ibidem.

televisivos y gráficos europeos comenzaron a programar notas y entrevistas con las Madres. "Fue una fiesta total... sobria, medida, de buen gusto... Fue una fiesta argentina para el mundo", comentó el diario *La Nación*,[9] para quién no existía el reclamo de las Madres que impactó en casi toda Europa y parte de Latinoamérica. Por lo tanto, los resultados del mundial para el gobierno y las MPM fueron en ambos casos contradictorios. Luego de la operación propagandística, la dictadura parecía haber elevado sus niveles de legitimidad y consenso interno, a la vez que en el plano internacional las desapariciones trascendieron dejando espacio para vislumbrar que efectivamente en el país se estaban cometiendo actos masivos de represión; incluso la temática logró incorporarse con mayor fuerza en la discusión política nacional.

Por otro lado, las MPM sufrían la represión dictatorial y el aislamiento como nunca antes desde los inicios de su lucha; pero ahora, luego de haber sido transmitidas durante los días del campeonato, el mundo conocía su reclamo. Estas mujeres se hicieron visibles mas allá de las fronteras nacionales recibiendo, de ahora en más, reconocimiento y protección internacional. De este modo, el movimiento creció al igual que la ofensiva estatal.[10] Los niveles de represión fueron tales que en los años siguientes las Madres no pudieron volver a la Plaza más que mediante algunas pocas apariciones esporádicas, para recién

---

[9] Citado en: GORINI, Ulises, *Op. cit.*, pág. 216.

[10] El gobierno dictatorial comprendió que "si no podía controlar a la prensa extranjera cuando difundía las imágenes de las Madres, tendría que controlar que la imagen misma de las Madres no volviera a aparecer. La solución estaba pues en erradicar a las Madres de Plaza de Mayo a través de un operativo dirigido directamente por el Ministerio del Interior y por medio de la Policía Federal: tenían que evitar que cada jueves se repitiera la escena de las marchas" Ibidem, pág. 217. Como respuesta, las Madres realizaban apariciones breves en la Plaza durante el transcurso de cualquier día y se reunían en iglesias, casas u otras plazas, siempre con la intención de ocupar la calle toda vez que pudieran. Sobre esto, Hebe de Bonafini recuerda: "En el Mundial, como les digo, la represión se hizo tan fuerte que decidimos ir a las iglesias a encontrarnos para ver qué cosas íbamos a seguir haciendo. Y cuando nos reprimían en la Plaza, sabíamos que podíamos ir a tal o cual iglesia. Tanta fue la represión, en un momento, que hicimos como un fixture para no ir siempre a la misma iglesia porque sino la cana ya nos esperaba en la puerta. Nos apagaban las luces, nos echaban; pero también dentro de la iglesia, y por eso los curas no nos quieren. Entre padre nuestro y ave maría nos pasábamos que íbamos a hacer, decíamos: *Padre Nuestro que estás en los cielos, vamos tal día a tal lugar; Ave María...* Esa era la manera de pasarnos, sin papel y sin nada, qué actividad íbamos a realizar". Bonafini, Hebe, *Op. cit.*

retomar su ocupación en el año '80. No obstante, lejos de des-
membrarse, el movimiento se consolidaba rápidamente. Con el
aporte de madres holandesas inauguraron su propia sede, reali-
zaron sus primeros viajes al exterior —EE.UU. y Roma—, y deci-
dieron convertirse en una organización con entidad e identidad
diferenciada del resto de los organismos de familiares. El proceso de institucionalización estaba en marcha: el 22 de agosto
de 1979, con la constitución de la primera Comisión Directiva
y la declaración de sus principios y estatuto,[11] se convierten
legalmente en la Asociación Madres de Plaza de Mayo. A partir de ello, nuestro análisis nos lleva a considerar que conjuntamente con este proceso, y consolidando la socialización de
la maternidad, se produce una desidentificación colectiva del
término "madre" que permite reconceptualizar los objetivos y
el alcance de la lucha del movimiento. Es decir, las categorías
"madre" y "mujer" se volvieron contra sí mismas y mediante
distintas rearticulaciones pusieron en tela de juicio las normas
y los significados que nutren de contenido a estos términos.
Tal como lo expresamos en el Capítulo II, las MPM no sólo son
"madres" de sus hijos de sangre, ellas se reconocen como madres de todos los desaparecidos, de los 30.000 y de ahora en
más, en este segundo momento, también se reconocerán como
las madres del pueblo. El vaciamiento de la categoría "madre"
continúa su proceso siendo desplazado hacia nuevos horizontes
de significación. Con relación a este punto, Hebe de Bonafini,
al ser interrogada acerca de cómo lograron ser las "madres de
todos" señala lo siguiente:

> no ha sido una cosa fácil, al contrario, ha sido un proceso
> íntimo, personal, pero lo logramos: ser madres de todos. La
> mujer ha tomado conciencia de que además de todo lo de
> la casa, de planchar y de lavar, de cocinar y de atender a la
> familia, *también puede hacer esto*. No somos la mujer ma-
> ravilla, para nada; *somos mujeres comunes que no sabíamos*

---

[11] En el escrito resultante las Madres ponen de manifiesto la responsabilidad de las Fuerzas
Armadas en las desapariciones, su vocación democrática, su adhesión a los valores judeo-
cristianos, y el pedido de información acerca del paradero de sus hijos. Fuente: Archivo
Histórico de la Asociación Madres de Plaza de Mayo. Retomaremos el análisis del contenido
de dicho Estatuto en el apartado siguiente.

nada de política. Muchas de nosotras fuimos muy poco a la escuela y salimos a la calle así; con mucha inconsciencia, vamos a decir.

Creo que tenemos un rol: por un lado venimos a resultar, cómo decirte, la madre ideal, comprensiva, que apoya, que da todo, que sale a la calle; en general, las madres dicen: "no, no salgas, no vayas, no te mojes, que no te pase nada, cuidáte...". *Nosotras somos al revés, decimos que hay que salir,* vamos a la comisaría cuando detienen algún pibe, enfrentamos a los milicos, los sacamos... y los pibes piensan, "mirá si mi mamá fuera así" [...] Somos algo diferentes. Nunca se dio que un grupo de Madres se organice como nosotras lo hemos hecho. En general, cuando se dio este tipo de lucha en otros países del mundo se fue perdiendo poco a poco, no lo continúan, muchas veces se van integrando a los partidos...[12]

Al respecto, dice Nora Cortiñas:

Lo que hacíamos hasta ese momento las Madres era poner el género en la lucha y salir a pelear como mujeres, enfrentando la dictadura militar, como la habíamos enfrentado durante esos años, y enfrentando a una sociedad que nos había tratado mal por ser mujeres, empezando por los milicos, la Iglesia, los políticos.[13]

Como puede verse, con la resignificación de su movimiento y las acciones que llevan a cabo a través del mismo, las MPM incorporan nuevas prácticas y significados a la "maternidad", permitiendo comprender a dicho término como una práctica discursiva que con el tiempo ha llegado a sedimentarse en el orden social. Y en la medida en que estos sedimentos tienen la posibilidad de reactivarse, consideramos aquí que las MPM son responsables de poner en práctica un *proceso de desfijación de sentido*. Esto es, la categoría "madre" designa un campo de diferencias indesignables, que no puede ser totalizado o resumido por una categoría de identidad descriptiva, por eso el término se vuelve un lugar de permanente apertura y resignificado. Las Madres son madres

---

[12] IRAMAIN, Luis y Gerardo NIELSEN, "Entrevista a Hebe de Bonafini" (UBA), Buenos Aires, 12 de febrero de 2002, Dirección URL: http://www.madres.org/asp/contenido. asp?clave=793 [Consulta: 23 de septiembre de 2008]. Las cursivas son propias.

[13] DI MARCO, Graciela (UNSAM), "Entrevista a Nora Cortiñas (Madre de Plaza de Mayo. Línea fundadora)", En: LEBÓN, Natalie; MAIER, Elizabeth; LYNN BOLLES, Augusta, *Op. cit.*, pág. 131.

tanto en la *cocina* como en la Plaza. Las Madres son madres de hijos desaparecidos. Son madres de los 30.000. Son madres *"algo diferentes"*. Son madres que *"luchan"*, que *"enfrentan"*. Son *"la madre ideal, comprensiva, que apoya, que da todo, que sale a la calle"*. Pero además, son Madres que luchan por otras madres, por los Derechos Humanos, por la paz, la verdad y la justicia. He aquí un nuevo momento en la resignificación de la categoría "madre". Estas mujeres continúan autodefiniéndose ante todo como madres; pero ahora ya no sólo "madres de los 30.000". Hay una ampliación del significado de la categoría, y por ende de su propia identidad, que las lleva necesariamente a resignificar su lucha y el orden social en el cual emergen. Es decir, a partir de que las Madres alcanzaron un mayor reconocimiento nacional e internacional –poco a poco la nominación "Locas" comienza a quedar atrás– y resignificaron el contenido de la categoría "madre" en general y de su movimiento en particular, empezarán a participar activamente en demandas que exceden a las desapariciones, e incluso a la dictadura misma. Estas mujeres-madres continuarán luchando desde la Plaza por los 30.000 desaparecidos, pero lentamente se irán expresando sobre diferentes aspectos de la realidad política nacional e internacional.

Tal es así que la primera vez que las Madres se pronunciaron sobre un aspecto que trasciende la especificidad de su movimiento se produjo unos meses después de finalizado el mundial y se relacionó directamente con el mantenimiento de la paz con Chile. Problemas limítrofes con el vecino país llevaron a disputar el Canal de Beagle despertando la posibilidad de que el gobierno dictatorial utilizara las armas como medida para resolver el problema. Ante ello, las Madres se pronunciaron públicamente a través de una carta firmada en conjunto con Familiares de Desaparecidos y Detenidos por Razones Políticas, en la cual expresan al General Jorge Rafael Videla lo siguiente:

> conscientes de la grave amenaza que se cierne sobre la Nación Argentina, como consecuencia del diferendo limítrofe del Beagle, estamos firmemente, por encima de cualquier-

consideración supuestamente patriótica, en defensa del mantenimiento de la paz y la amistad fraternal con el pueblo chileno.[14]

Pocos años después, producto del enfrentamiento con Inglaterra por la defensa de la soberanía de las Islas Malvinas en 1982, las MPM se manifestarían nuevamente en defensa de la paz; pero esta vez también en solidaridad con las madres de combatientes:

> Y las Madres firmes, diciendo somos solidarias con las madres de los soldados que están en las Malvinas, pero no queremos guerra, es otra mentira, es otro Mundial de la guerra para tapar. Y nos acusaron de antinacionales. Y en la Plaza había gente que nos decía que cómo podíamos ir a la Plaza mientras estaba la guerra. Y de ahí ese cartel: "Las Malvinas son argentinas, los desaparecidos también".[15]

Estos son solo dos ejemplos de manifestaciones discursivas de las Madres en las cuales se pronuncian públicamente respecto de aspectos que trascienden la búsqueda de sus hijos desaparecidos. Lo importante en esto, es que en el país están comenzando a emerger diversos núcleos de familiares que al encontrar en las Madres un referente de lucha contra la dictadura y en general por la defensa de la vida y los Derechos Humanos, comienzan a estrechar vínculos con ellas.

En conclusión, lo dicho hasta aquí nos permite afirmar que el carácter abierto e incompleto de toda identidad ha permitido a las Madres resignificar el contenido de la lucha inicial por la búsqueda de sus hijos desaparecidos hacia una lucha por la defensa de "La Vida", en donde el vaciamiento de la categoría "madre" les permitió politizar la maternidad, convertirse en un actor político concreto y generar demandas que ya poco tendrán que ver con problemáticas individuales. Hay en este momento una nueva irrupción en el ámbito público. Las fronteras de lo privado continúan retrocediendo ante la incorporación de problemáticas que se convierten en estandartes de luchas colectivas. Ya no

---

[14] Carta firmada por Madres de Plaza de Mayo y Familiares de Desaparecidos y Detenidos por Razones Políticas el 2 de enero de 1979. Fuente: Archivo Histórico de la Asociación Madres de Plaza de Mayo. Cabe destacar que en este período hay además un trabajo conjunto entre estas dos organizaciones en lo que atañe a la realización de solicitadas, petitorios y acciones comunes en la búsqueda de los desaparecidos.

[15] BONAFINI, Hebe, *Op. cit.*

se demanda de manera individual la aparición de un hijo, sino que hay un movimiento –que comienza a actuar en articulación con otros colectivos– que demanda al gobierno explicación de lo acontecido con los 30.000 y como consecuencia de ello demanda, además, la defensa de la Vida y de la Paz. Ahora bien, resulta relevante detenernos en la identidad del movimiento de las Madres y en la resignificación de la categoría "madre" para comprender de qué manera estas mujeres generaron a partir de la maternidad un espacio desde el cual articular una política de la resistencia. Es por ello que retomaremos el objetivo inicial que llevó a este grupo de Madres a salir de sus *cocinas* para ir a la Plaza.

UNA CUESTIÓN DE MADRE, UNA CUESTIÓN POLÍTICA

Al momento de tomar la decisión de ocupar la Plaza, las Madres eran movidas por la desaparición de sus hijos y tal como ellas lo definen, *saber si sus hijos estaban vivos o muertos* fue lo que las llevó a salir de sus *cocinas* para ir a la Plaza. De allí que, tal como vimos anteriormente, autodefinirán su reclamo en términos "maternales" y se preocuparán de diferenciarse de las demás organizaciones de Derechos Humanos;

> Queremos dejar en claro que no somos, como suelen decir los periódicos locales, la subversión clamando por los Derechos Humanos. *Somos única y exclusivamente MADRES que frente a la Casa de Gobierno pedimos por la pronta aparición de los hijos que nos fueron arrebatados.* [...] Jamás hemos exigido su libertad, solamente solicitamos que nos digan dónde están, que sean juzgados para esclarecer qué delito han cometido, si lo hay.[16]

Recordemos la carta dirigida al Ministro del Interior citada en el capítulo anterior:

> No queremos ser instrumentadas ni utilizadas con ninguna finalidad política o ideológica. *Somos únicamente madres de desaparecidos* que recorremos angustiosamente los des-

---

[16] Carta al funcionario estadounidense Cyrus Vance el 3 de octubre de 1977 solicitando una entrevista con el mismo. Citado en: GORINI, Ulises, *Op. cit.*, pág. 144. Las cursivas son propias.

pachos oficiales en procura de ayuda y que nos hemos encontrado, sin organización previa ni posterior alguna, en la Plaza de Mayo. *Sólo nos mueve la búsqueda de nuestros hijos y el tratar de saber algo sobre su suerte.*[17]

Mediante lo dicho, resaltamos que, con el afán de diferenciarse de los organismos y organizaciones políticas y de marcar una decidida independencia en relación a ellos, principalmente durante los dos primeros años de su conformación, las MPM ponen de manifiesto que su actividad no es bajo ningún concepto una actividad política. Ellas declaran una y otra vez que están haciendo una *tarea humana y no política*; son madres que bajo un *clamor humano, moral y espiritual* ocupan la calle con el solo objetivo de saber dónde están sus hijos. Son los valores maternales –ya politizados y descontextualizados–, tales como el amor, la solidaridad, la ternura, la fraternidad, los que guían su lucha y no la afiliación partidista. Por lo tanto, la independencia de los grupos de familiares y partidos políticos, el uso del pañuelo blanco, la insistencia en autodefinirse madres[18] ante todo, la pretensión de conservar su movimiento al nivel madre, con un lenguaje y acciones propias, ocupando la Plaza, politizando la maternidad y finalmente conformando una asociación civil, tiene que ver con la necesidad de resaltar que no son un movimiento político y que nada tienen que ver con ello. Son solo madres que quieren saber si sus hijos están vivos o muertos.

Ahora bien, cuando las Madres señalan que su actividad no es una actividad política, hacen referencia a la política entendida en términos partidarios. Ellas se definen como madres que luchan guiadas por la maternidad y no por una afiliación ideológica o partidaria. Conviene recordar en este punto la distinción respecto del término que realiza Chantal Mouffe:

---

[17] Carta al Señor Ministro del Interior, 26 de diciembre de 1977, en Archivo de la Asociación de Madres de Plaza de Mayo. Citado en: GORINI, Ulises, *Op. cit.*, pág. 190. Las cursivas son propias.

[18] "Las madres que todos los jueves nos reunimos a las 15:30 en la Plaza de Mayo", "Madres de detenidos-desaparecidos", "Madres y Familiares", "Madres Argentinas", "Madres de Desaparecidos" son algunas de las denominaciones que utilizaron para firmar documentos y nombrarse ante el mundo antes de adoptar definitivamente el nombre "Madres de Plaza de Mayo". La categoría 'madre' siempre es colocada en el primer término de la denominación, acompañada de un segundo calificativo que irá variando. Es decir, ellas son 'madres' ante todo. Ellas asumieron un rol desde el momento en que nacieron sus hijos, se reconocieron en él, lo encarnaron y lo defendieron ante todo.

concibo *lo político* como la dimensión de antagonismos que considero constitutiva de las sociedades humanas, mientras que entiendo a *la política* como el conjunto de prácticas e instituciones a través de las cuales se crea un determinado orden, organizando la coexistencia humana en el contexto de la conflictividad derivada de *lo político*.[19]

Como resultado de esta distinción, en este trabajo entendemos (1) la irrupción de las madres en el ámbito público, (2) la disputa con la dictadura por el significado de los términos y (3) la subversión del orden producto de su conformación, consolidación e institucionalización de un modo *político*. Es desde este concepto de *lo político* que consideramos a las Madres de Plaza de Mayo un movimiento político responsable de instituir una distorsión en el orden social, capaz de resignificar los significados y de desplazar los cuerpos desde el lugar asignado hasta nuevas posiciones de sujeto.[20]

Continuando con nuestro análisis, entendemos que a partir de la búsqueda de sus hijos, este grupo de madres fue consolidando un colectivo que comenzó por irrumpir en la escena pública y terminó por institucionalizar tanto su demanda como su movimiento. Esto es, por un lado, el reclamo por el paradero de sus hijos se instaló en el orden social haciendo visibles las desapariciones y obligando al gobierno a dar finalmente una respuesta pública sobre dicho acontecimiento. Por otro lado, el movimiento mismo se institucionaliza en la Argentina y en el mundo encarnando lo que ningún otro grupo asumía hasta ese entonces: la búsqueda de los 30.000 desaparecidos, la representación de las miles de madres de desaparecidos y la lucha por la paz y la justicia. Así lo definen al momento de conformarse jurídicamente:

---

[19] MOUFFE, Chantal, *En torno a lo político*, Buenos Aires, Fondo de Cultura Económica, 1999, pág. 16.

[20] Cabe destacar que luego de su conformación en entidad jurídica y con el paso del tiempo las Madres comenzarán a autodefinir su lucha en términos políticos. No obstante, en los discursos anteriores a su conformación en Asociación no encontramos registro alguno en el que estas mujeres se autodefinan en dichos términos, es decir, tanto la denominación de "movimiento político" como la apelación a la dimensión política de su lucha es producto del análisis aquí propuesto y no de la definición de las protagonistas del caso.

las madres firmantes hemos resuelto constituir la asociación civil "Madres de Plaza de Mayo". Esta determinación de fundarla es consecuencia de los encuentros que realizamos, durante más de dos años, en la Plaza de Mayo de la Capital Federal y en otros lugares de esa ciudad y del interior del país. [...] Somos madres de detenidos y desaparecidos y representamos a muchos millares de mujeres argentinas en igual situación. No nos mueve ningún objetivo político. Nadie nos ha convocado ni nos impulsa o instrumenta.[21]

A través de este texto, de suma relevancia para el movimiento, las Madres dejan en claro que no sólo son madres que buscan a sus hijos, sino que vienen a representar la búsqueda de miles de madres. Es decir, el proceso de vaciamiento de la categoría "madre" y la socialización de la maternidad también están presentes en el estatuto que funda a las Madres en asociación civil. Además, su pretensión de reconocimiento como madres y sólo madres, conjuntamente con su independencia respecto a otras organizaciones también se manifiesta en el fragmento anterior: "somos madres de detenidos y desaparecidos... no nos mueve ningún objetivo político. Nadie nos ha convocado, ni nos impulsa o instrumenta".

Ahora bien, al momento de redacción de dicho estatuto las Madres llegan ya no sólo con el objetivo de demandar por sus hijos y por los 30.000 desaparecidos. Quedarán asentadas para el año 1979 las resignificaciones en el significado de su lucha y, por lo tanto, las redefiniciones en el contenido del movimiento. Es la iteración del lenguaje lo que ha llevado al discurso de las madres a desplazarse desde "la búsqueda de los desaparecidos" a conceptos tales como "justicia", "paz", "vida", "fraternidad" y que terminará por desencadenar una lucha por la concreción y defensa de estas categorías a partir de la articulación de una política de la resistencia contra toda muerte y opresión. A continuación, citaremos *in extenso* el "Estatuto" de conformación de la Asociación Madres de Plaza de Mayo a los efectos de profundizar nuestro análisis y subrayar lo afirmado en este último párrafo con una evidencia textual de suma importancia para el desarrollo del movimiento de las Madres:

---

[21] Estatuto firmado por las Madres al momento de su conformación en Asociación Civil el 22 de agosto de 1979. Fuente: Archivo Histórico de la Asociación Madres de Plaza de Mayo.

Estamos contra la violencia y contra cualquier tipo de terrorismo, privado o estatal. Queremos la paz, la fraternidad
y la justicia. Anhelamos para la Argentina la vigencia de un
sistema democrático, respetuoso de los derechos fundamentales de la persona humana. Creyentes o no, adherimos
a los principios de la moral judeo-cristiana. Rechazamos la
injusticia, la opresión, la tortura, el asesinato, los secues-
tros, los arrestos sin proceso, las detenciones seguidas de
desapariciones, la persecución por motivos religiosos, raciales, ideológicos o políticos. No juzgamos a nuestros hijos
detenidos o desaparecidos. Ni siquiera pedimos su libertad.
Sólo pretendemos que se nos diga dónde se encuentran, de
qué se los acusa y que se los juzgue de acuerdo con las
normas legales y con el legítimo derecho de defensa, si se
considera que han cometido algún delito. Que no se los torture, que se los mantenga en condiciones decorosas. Que
podamos verlos y asistirlos. ¿Puede haber una súplica más
elemental, más humana, más cristiana? Sabemos que existen muchos miles de hogares argentinos en la misma situación. Por esta razón hemos decidido unirnos para formar una
asociación civil que llevará el nombre de "Madres de Plaza
de Mayo", en recuerdo del hecho y del lugar que nos reunió
por primera vez. Como se expresa anteriormente, nuestro
primer objetivo es lograr de las autoridades del país, civiles, militares y judiciales una respuesta a nuestra angustia:
¿Dónde están nuestros hijos? ¿Qué ha sido de ellos? Con este
propósito efectuaremos todas las gestiones, actos y publicaciones que consideremos convenientes, dentro del respeto
a las leyes y el orden público. Queremos, en segundo lugar,
ayudarnos entre nosotras y prestar asistencia a las víctimas
de los hechos reseñados. Y, finalmente, deseamos trabajar
para construir una Argentina donde exista la justicia. Donde
nadie pueda ser detenido y hecho desaparecer como ha ocurrido con nuestros hijos. Donde tenga vigencia el derecho y
se pueda convivir en un clima de libertad, de tolerancia y
de respeto.[22]

En este punto, creemos necesario poner de manifiesto nuevamente que reiteración y desplazamiento son partes de un mismo
proceso. Las Madres llevan hasta el límite la ontología discursiva
que expresan hasta subvertir sus márgenes a partir de que, accionando dentro de un contexto de enunciación que las conforma
en sujetos, estas mujeres se instituyen en agencia y accionan en

---

[22] Ibidem.

consecuencia. La performatividad del lenguaje les permite a las Madres resignificar y alterar algunos de sus significados pero no desprenderse por completo de la opacidad de los términos y de la historia que los constituye. En otras palabras, estas mujeres continúan *sujetadas* al contexto de enunciación en el cual emergieron, y por esto continúan apelando a la cita del orden a partir del cual y en el cual se construyen, es decir, un orden patriarcal, cristiano y occidental. Ejemplo de esto es la sumisión al orden público y legislativo que expresan las madres en la cita anterior: "No juzgamos a nuestros hijos detenidos o desaparecidos. Ni siquiera pedimos su libertad. Sólo pretendemos que se nos diga dónde se encuentran, de qué se los acusa y que se los juzgue de acuerdo con las normas legales", "¿Dónde están nuestros hijos? ¿Qué ha sido de ellos? Con este propósito efectuaremos todas las gestiones, actos y publicaciones que consideremos convenientes, dentro del respeto a las leyes y el orden público". Las Madres irrumpen en el ámbito público, pero continúan subsumidas en las normas del orden imperante. Al respecto continúan diciendo: "Que no se los torture —a sus hijos desaparecidos—, que se los mantenga en condiciones decorosas. Que podamos verlos y asistirlos. ¿Puede haber una súplica más elemental, más humana, más cristiana?". Las Madres, creyentes o no, adhieren a la moral judeo-cristiana y hacen de determinadas normas de dicha moral parte de su lucha, a la vez que confían en que apelando a dicha moral podrán continuar en el camino de sus objetivos. Los rezos en comisarías, marchas y demás manifestaciones públicas, conjuntamente con las reuniones en las iglesias se convirtieron rápidamente en momentos significativos de su lucha. A su vez, a lo largo de sus discursos y textos de los años de dictadura militar, como así también en entrevistas que las llevan a recordar dichos años, las Madres reiteran de sobremanera el respeto que la dictadura tenía hacia la religión en cuestión. Estas mujeres estaban convencidas de que en iglesias y al momento de sus rezos estaban bajo un mayor resguardo de la represión. Si bien estas mujeres irrumpieron en el ámbito público desafiando los límites de su lugar y siendo responsables de resignificar la categoría "madre", con todas las consecuencias del caso, de ningún modo proponen una ruptura radical del orden patriarcal, cristiano y occidental.

Por el contrario, y como lo mencionábamos anteriormente, ellas van de *la cocina a la Plaza* sin "dejar de ser madres ni renegar de lavar los platos".

Ahora bien, mediante este proceso de consolidación e institucionalización del movimiento, sumado al vaciamiento de la categoría "madre" y la resignificación de los objetivos de lucha, las MPM se constituirán definitivamente en un símbolo de la resistencia a la opresión bajo dos principales particularidades que las llevaría a continuar con la diferenciación respecto a las demás organizaciones. En primer lugar, la defensa de "la vida" como su principal estandarte de lucha; y segundo, la redefinición del campo de lo social bajo la dicotomía vida/muerte. Como madres que son, luchan "con el corazón", "con la fe", "con el amor", "con ilusión", "con esperanza", "con ternura", "con la palabra" y "con alegría" por la aparición de sus hijos y por la defensa del atributo que las convierte en tales, esto es, su capacidad de dar a luz. Todas estas expresiones se reiteran de manera permanente a lo largo de todas las manifestaciones discursivas de las Madres, desde sus inicios hasta la crisis del año 2001 inclusive. Como consecuencia de esto, comenzarán por encontrar representación en las Madres diferentes organizaciones de familiares de desaparecidos y organismos de Derechos Humanos para luego continuar este proceso por articular con demandas que ya no tienen que ver con la búsqueda inicial de las Madres. El discurso de las MPM redistribuirá a las demandas opositoras al régimen en el campo de lo social según la oposición vida/muerte, en la cual ellas encarnarán la representación del primer término y la dictadura la del segundo. Como representantes de la "vida" encabezarán marchas multitudinarias autodenominadas "Marchas por la Resistencia"[23] en las que el pedido de "Aparición con Vida"

---

[23] El 5 de diciembre de 1980 las Madres publican un documento pidiendo "Aparición con vida" de los desaparecidos. Pero para el año siguiente, la misma demanda se traduce en una actividad diferente. De esta manera, en 1981 se organiza la primer "Marcha de la Resistencia". En aquella ocasión las Madres marcharon prácticamente solas por las calles de la Capital Federal. No obstante, para el año siguiente recibieron el apoyo de diferentes organizaciones de familiares y de esta manera, año a año la participación se multiplicó. Estas marchas fueron suspendidas por decisión de las mismas Madres en el año 2005 bajo el siguiente concepto: "Siempre resistimos al enemigo que estaba ahí, en la Casa Rosada. Primero la dictadura, después Alfonsín cuando hizo la Obediencia Debida y el Punto Final, y más motivo que nunca para hacer marchas. Después vino Menem que entregó y arruinó al país. Entró a la casa de las Madres once veces en cuarenta y cinco días, y nos rompieron todo, nos robaron todo, las fotos de nuestros hijos, documentos. Después vino De la Rúa,

y "Juicio y Castigo" se reiterarán en articulación con el apoyo a diferentes demandas que surgirán principalmente a partir de la vuelta a la democracia.[24] Mientras tanto, el gobierno militar será definitivamente asociado a la "muerte", y será responsable de encarnar la violencia uniformada, las desapariciones, los crímenes, las violaciones y la tortura.

En síntesis, bajo la demanda de "saber si sus hijos estaban vivos o muertos", las Madres terminarán por redescribir el lugar que ocuparán los cuerpos en el campo de lo social a partir de la oposición vida/muerte y redefinirán el lugar de la maternidad como un lugar para reclamar por derechos, defender la vida y exigir justicia.[25] En efecto, las Madres posicionaron a la maternidad en el terreno político y desde allí estallaron el orden social desnaturalizando la identidad femenina para reivindicar otro lugar de enunciación, otro discurso desde el cual desafiar la lógica misma del sistema. Profundizaron la batalla semántica con la dictadura por el proceso de fijación de sentido y dieron un paso más allá al encarnar una respuesta colectiva a las demandas de justicia y poner en evidencia que la dicotomía argentino/antiargentino ya no era la única propuesta de división del campo social. Las MPM articularon una política de la resistencia mediante un discurso contrahegemónico que por un lado pondrá en equivalencia a todas aquellas demandas opositoras al sistema, y por el otro, redefinirá a partir de la oposición vida/muerte el otro contra quién y por quién se constituyen.

---

después Duhalde. Ahora hay un cambio en Latinoamérica y aquí y decimos que era la última Marcha de la Resistencia. El enemigo ya no está ahí dentro. Pero seguimos con todo lo de siempre, empezando por las marchas de los jueves". Entrevista a Hebe de Bonafini realizada por miembros de "lavaca.org", Buenos Aires, 2006. Dirección URL: http://www.madres.org/asp/contenido.asp?clave=1507 [Consulta: 23 de septiembre de 2008].

[24] "A todas las organizaciones sociales, hay que apoyarlas, hay que acompañarlas y hay que sostenerlas. Y hay que luchar desde dentro y desde fuera de los partidos para que conserven la dignidad. La mejor candidatura es la que se hace junto al pueblo, por el pueblo, para el pueblo, y para luchar por un gobierno del pueblo. Cuando todos estemos dispuestos a dar y ninguno a recibir..." Discurso pronunciado por Hebe de Bonafini, Presidenta de la Asociación Madres de Plaza de Mayo, el 8 de octubre de 1988 en Buenos Aires. Dirección URL: http://www.madres.org/asp/contenido.asp?clave=283 [Consulta: 14 de octubre de 2008].

[25] "Aparición con vida" desde 1981 y luego "Juicio y Castigo a los culpables"; "Cárcel a los genocidas"; "Basta de milicos"; "Nuestros hijos lucharon junto a su pueblo por la justicia", son algunos de los lemas mediante los cuales las MPM mostraban su oposición a la dictadura y su defensa de la Vida y la Justicia.

MADRES DEL PUEBLO: ENTRE LA DEMOCRACIA Y LA REVOLUCIÓN

La lucha por sus hijos, por los desaparecidos, por los Derechos Humanos, por la vida y la justicia serán los principales objetivos que guiarán las acciones de las MPM hasta los inicios del nuevo siglo. No obstante, el contenido de estos términos y por ende el contenido de su lucha y los referentes de su discurso se irán resignificando en correlación a los cambios contextuales.[26] La finalización de la dictadura militar, la etapa de transición democrática, la presidencia de Raúl Alfonsín, el gobierno de Menem y la crisis del año 2001, son todos ellos acontecimientos en los cuales las Madres continuaron ejerciendo un rol de oposición y cuestionamiento al orden social.[27] Tal como lo expresa Hebe de Bonafini en uno de sus discursos:

> Cuando a veces somos tan criticonas y tan radicalizadas y tan fuertes, no hay otro camino. A veces pensamos y no hay otro camino, no hay otro discurso posible. Toda la ternura y todo el amor, entre nosotras, entre nosotros, para nuestros hijos y para estos hijos nuevos que nos crecieron, por los que luchamos y peleamos. ¡Pero toda la fuerza y toda la violencia y toda la bronca para el enemigo, para el traidor, para el que está vendiendo la patria todos los días! ¡Para ese: todo el odio, toda la bronca! [...] Todos los jueces son

---

[26] De ninguna manera nos referimos con lo dicho a que el contexto determine por completo, bajo un modelo lineal de causa-efecto, la identidad, lucha y discurso de las Madres. Sino que tal como lo expresamos anteriormente los sujetos están *sujetados* a un contexto que no eligieron, pero es su capacidad de instituirse en agencia lo que les permite incidir en éste ya sea para reproducir las lógicas sociales, o bien para subvertirlas.

[27] Respecto de esto es importante destacar que las Madres nunca demostraron oposición alguna a la democracia entendida como sistema de gobierno. Más bien, ellas se opusieron a las Leyes de Punto Final y Obediencia Debida, a la compensación económica para los familiares de desaparecidos, a los homenajes póstumos, a las listas con los nombres de desaparecidos, a la exhumación de cadáveres y a la aceptación de que sus hijos han muerto. Bajo estas consignas reclaman "Juicio y castigo a los genocidas" y cuestionan por un lado la participación de represores en los gobiernos de turno, lo cual las lleva a definir como represores a los nuevos gobernantes; y por el otro, comienzan a cuestionar el sistema capitalista y neoliberal que se instaló con mayor fuerza en la Argentina en la década de los '90. Como resultado, las Madres estuvieron convencidas de que *hay un solo enemigo* contra quien luchar. De este modo, conformaron metonímicamente a un mismo enemigo que comienza siendo la dictadura militar y continúa con los gobiernos de los '80 y '90; los calificativos con los que se describía al gobierno de facto –criminales, asesinos, cobardes, represores– serán asociados tanto a los gobiernos electos en democracia como a la implementación de políticas neoliberales llevada a cabo por ellos en la Argentina y promovidas por las entidades multilaterales de crédito en el resto del mundo.

de la dictadura. Todos los generales, todos los coroneles, todos los sargentos, todos los comisarios, todos son de la dictadura, no los cambiaron. Son los mismos. [...] Las Madres no nos olvidamos de los que golpearon la puerta de los cuarteles, que eran políticos. No nos olvidamos de los que hicieron obediencia debida y punto final. No nos olvidamos de los que hicieron el indulto.[28]

Ahora bien, en primer lugar dijimos que los hijos por lo que luchan ya no serán únicamente los 30.000 desaparecidos y anticipamos también que desde los últimos años de dictadura, y con mayor ímpetu en la década del '80 y '90, las Madres abrirán su movimiento a diferentes tipos de problemáticas referidas a la violación de los Derechos Humanos y la defensa de una vida digna. Pues bien, para llevar adelante la continuidad de este proceso las Madres tuvieron que encarnar la maternidad del pueblo argentino —y hasta en algunas oportunidades, las de otros pueblos que exceden la frontera de nuestro país—. De ahora en adelante, ellas serán las madres del pueblo;

> Yo les digo que las Madres, mientras tengamos vida, mientras tengamos un soplo de aliento, vamos a seguir luchando por la vida de nuestro pueblo. Por nuestro pueblo, para nuestro pueblo, junto a nuestro pueblo.[29]

En segundo lugar, y como consecuencia del punto anterior, la categoría 'desaparecido' también se vaciará de contenido y se redefinirá producto del nuevo contexto de transición y democracia. A los desaparecidos del gobierno militar se sumarán "los desaparecidos del sistema",[30] esto es, todos aquellos colectivos que de alguna manera las Madres consideran que están excluidos de participar activamente de todos los derechos y beneficios otorgados por un sistema democrático, representativo y federal. Ellos son: los desocupados, los jubilados, los enfermos de HIV, los pobres e indigentes, los que no pueden acceder a la educación formal, los adictos, los sin tierras, los desalojados, los pueblos aborígenes, etc. Son las propias palabras de las protagonistas las que nos indican con claridad la resignificación del significado del término en cuestión:

---

[28] Discurso pronunciado por Hebe de Bonafini, Presidente de la Asociación Madres de Plaza de Mayo el 30 de mayo de 1998, Capital Federal, Dirección URL: http://www.madres.org/asp/contenido.asp?clave=426 [Consulta 15 de octubre de 2008].

[29] BONAFINI, Hebe, *Op. cit.*

[30] Término utilizado por las Madres de Plaza de Mayo.

En 1981, nuestra primera marcha, solitas, 70 madres en la noche, rodeadas de 300 milicos resistimos por primera vez en la época de la dictadura. Y la consigna fue Aparición con Vida. Y Aparición con Vida tiene vigencia hoy porque todavía desaparecen compañeros. Porque el año pasado desaparecieron Bru, Nuñez, Guardati. Y esa consigna tiene vigencia hoy para tantos que son desaparecidos también del sistema. Y Aparición con Vida como cuestionamiento al sistema represivo que utilizaron los milicos.[31]

Respecto a "los desaparecidos del sistema", Hebe también expresa:

no nos debemos olvidar que todos los días nos asesinan de otra manera, nos matan de otra manera, nos someten de otra manera. Casi sin darnos cuenta, pareciera que como anestesiados, nos van quitando todo, de a poco. Y es la obra del ajuste, la obra del liberalismo, neoliberalismo... no, es la obra del capitalismo. Esto es el capitalismo, no hay otra forma de capitalismo. No le pongamos otro nombre. Esto es capitalismo puro: sometimiento, explotación, marginación y expulsión de muchos del sistema. Ya muchos no contamos para el sistema.[32]

Por lo tanto, aquellas madres que reclamaban por el paradero de sus propios hijos se presentan años después como las madres del pueblo. Estas mujeres hicieron de la categoría "madre" un sitio de oposición colectiva y de resistencia al régimen dictatorial, y luego democrático, permitiendo generar nuevas formas de articulación entre los lazos de sangre y la política. En otros términos, las Madres hicieron de su movimiento un sitio de resignificación política del término, asumieron demandas articuladas por grupos contiguos y comenzaron a ocuparse de cuestiones que no sólo se referían a la aparición y justicia por los 30.000, sino que más

---

[31] Discurso pronunciado por Hebe de Bonafini, Presidente de la Asociación Madres de Plaza de Mayo el 8 de diciembre de 1994 en el acto de cierre de la 14º Marcha de la Resistencia. Plaza de Mayo, Buenos Aires. Dirección URL: http://www.madres.org/asp/contenido.asp?clave=413 [Consulta: 14 de octubre de 2008].

[32] Discurso pronunciado por Hebe de Bonafini, Presidente de la Asociación Madres de Plaza de Mayo el 7 de febrero de 1997. Mar del Plaza, Dirección URL: http://www.madres.org/asp/contenido.asp?clave=412 [Consulta: 14 de octubre de 2008]. "Y un pibe que se droga es un nuevo desaparecido para este sistema, porque un pibe que se droga no jode, porque un pibe que se droga poco a poco se va perdiendo". Discurso pronunciado por Hebe de Bonafini, Presidenta de la Asociación Madres de Plaza de Mayo en diciembre de 1996 en el acto de cierre de la 16º Marcha de la Resistencia. Capital Federal, Dirección URL: http://www.madres.org/asp/contenido.asp?clave=779 [Consulta: 14 de octubre de 2008].

bien encarnaron la representación de todos aquellos reclamos realizados en nombre de los Derechos Humanos, la justicia, la educación, la seguridad, la salud, el trabajo,[33] etc. Como dice Hebe de Bonafini:

> Involucrarnos en los problemas sociales también fue un paso muy importante, de mucho crecimiento. Y después empezamos a pensar: "Che, ¿los juicios?". A mí me preocupa más un pibe que no come que condenar a un milico. Yo quiero que el pibe coma. Si me hacen elegir, elijo que el pibe coma. Sí, sí. Para mí es mucho más importante que los pibes coman a condenar a un milico, que ya están condenados por la sociedad por distintas razones.[34]

Ahora bien, tanto en el período de la dictadura como en el de la transición democrática, las denuncias por las violaciones a los Derechos Humanos estuvieron asociadas en todos los casos a la figura del desaparecido, siendo el gobierno militar el Otro contra quien se reclamaba y a quien se responsabilizaba de tales violaciones. De este modo, los Derechos Humanos se constituyeron en el punto de encuentro entre movimientos de familiares, organizaciones civiles y fuerzas políticas llevando a asociar a la democracia con la condición de posibilidad del

---

[33] Con la llegada de la democracia, las MPM se hicieron presentes mediante su apoyo y participación en numerosas manifestaciones populares bajo el concepto de que los problemas del pueblo son también problemas de las Madres. Así, desde 1981 "Aparición con vida" las llevó a encabezar multitudinarias marchas en todo el mundo, siendo esto el inicio de su solidaridad con las luchas de diversos sectores sociales. En el '85 organizaron la "Marcha de las Manos", en la que bajo la consigna "Dele una mano a los desaparecidos" miles y miles de manos de todo el mundo llegaron para ser colgadas en la Plaza y Avenida de Mayo. Para finales de la década, expresaban públicamente su repudio al terrorismo, denunciaban violaciones de los Derechos Humanos en La Tablada y realizaban sus primeras marchas contra la miseria y la impunidad. Cuando el plan económico menemista estuvo claro y comenzaron a intensificarse las acciones populares, las Madres manifestaron su solidaridad y apoyo para con todas ellas. Repudiaron el genocidio aborígen, el hambre y la Ley de Educación. Encabezaron Marchas Federales y junto a numerosas organizaciones de Derechos Humanos, sociales, estudiantiles, sindicales y políticas se movilizaron hasta la Corte Suprema de Justicia. Apoyaron reclamos mineros en Santa Cruz, docentes en todo el país, cortes de ruta, toma de tierras y demandas por trabajo, dignidad y justicia. Denunciaron violaciones de los Derechos Humanos en toda la Argentina. Paralelamente, se conformaban diversos movimientos de apoyo a las Madres en todo el mundo. Por su parte, ellas apoyaron el levantamiento del pueblo de Chiapas, la independencia del país Vasco, la soberanía cubana, las manifestaciones zapatistas, el Movimiento Sin Tierra y de Madres de Hijos Secuestrados en Brasil, el Movimiento Revolucionario Guerrillero en Perú, las organizaciones de desocupados y presos políticos de Austria, el reclamo de familiares de detenidos en Alemania, España y Dinamarca, las denuncias de mujeres opositoras en Israel, las marchas de jóvenes anarquistas en Bragado y la detención de Pinochet, entre otros.

[34] DI MARCO, Graciela (UNSAM), *Op. cit.*

respeto y la lucha por tales derechos. En esto, los lemas y consignas que repetían las Madres en cada manifestación pública durante la década del '80 fueron fundamentales a la hora de analizar el proceso por el que este movimiento se constituyó en un símbolo de la lucha por la defensa de los Derechos Humanos en nuestro país y fuera de él. A través de pancartas, boletines, discursos, cartas abiertas, entrevistas y notas periodísticas, las Madres reiteraban frases tales como "Aparición con vida", "Juicio y Castigo a los culpables", "Cárcel a los genocidas", "Basta de milicos", "La resistencia continúa", "Liberación a los presos políticos", "No claudicaremos. No nos callaremos. No negociaremos", "No hay rebeldes, no hay leales: los milicos son todos criminales".

Si bien durante los '90 continuaron las luchas por la verdad, la justicia y la memoria, comenzaron a expandirse diversas organizaciones y activistas reclamando por el reconocimiento de nuevos derechos. Así, reclamos por el desempleo, la igualdad entre el hombre y la mujer, el cuidado del medio ambiente, la eliminación de diferentes tipos de discriminación, los derechos del niño, la opresión aborigen, el 'gatillo fácil', la represión institucional y la inseguridad son algunas de las demandas que irrumpieron en la esfera política convergiendo, todas ellas, en un mismo argumento: la igualdad de todos los seres humanos. Como consecuencia de esta expansión en el significado de los Derechos Humanos, las Madres también vieron afectado su movimiento, esto es, se va modificando tanto el significante "Derechos Humanos" como el significante "madre". Una nueva configuración del Otro —adversario— y nuevos desaparecidos irrumpirán en la demanda de "Juicio y Castigo" dando paso a nuevos contenidos para su lucha. "Resistir es combatir", "No olvidaremos, no perdonaremos", "Rebeldía para luchar y coraje para seguir", "Luchar siempre, retroceder jamás", "Solidaridad y lucha o hambre y represión", "Impunidad y hambre van de la mano", "Cuando se asesina a un hombre se asesina a la democracia", "Cabeza clara, corazón solidario, puño combativo", "Resistencia y lucha hoy para la victoria de mañana", "Ni un paso atrás", "Distribución de la riqueza ya", "La única lucha que se pierde es la que se abandona", "¡Basta Ya! De impunidad, hambre, desocupación, genocidas en libertad, miseria, corrupción...", "Libertad a los presos políticos y cárcel para los responsables del hambre", "Ni un paso atrás", "Contra la impunidad y la falta de trabajo, combate y resistencia", "Hasta la victoria, hijos queridos", serán las consignas que harán eco en los nuevos colectivos.

Resumiendo, el significado de la maternidad se irá resignificando según la variación en el contenido de los Derechos Humanos. En el período de dictadura y transición las Madres ejercen su práctica respecto a los 30.000 desaparecidos, pero en democracia se amplía el referente de su lucha a partir de la aparición de nuevas demandas en nombre de los Derechos Humanos. Es decir, luego de veinte años son madres de sus hijos desaparecidos, pero además son madres del pueblo, de los desaparecidos del sistema, de los que luchan, de los que resisten, de lo que cuestionan. En pocas palabras, el desplazamiento que las llevó de "madres amas de casa" a "madres de los 30.000" continuará su proceso hasta llevarlas a la posición de "madres revolucionarias";

> Las Madres no creemos en los partidos políticos. Los partidos políticos nos traicionan. Las Madres creemos en los pueblos que con su fuerza y convicciones llenan las plazas y las calles para exigir lo que queremos: trabajo, dignidad, salud, educación.[35]

> Si las madres duramos, es porque en casi veintiún años hicimos todo juntas, todo colectivo. El día que dijimos "luchamos por las 30.000", no llevamos más el nombre del pañuelo ni la foto en el pecho, ni siquiera los apellidos. Cada uno de nuestros hijos, como el Che, representa a todos, a todos los desaparecidos de este país, de cualquier partido, de cualquier organización revolucionaria, de la base de la iglesia,

---

[35] Discurso pronunciado por Hebe de Bonafini, Presidenta de la Asociación Madres de Plaza de Mayo el 11 de octubre de 1997. Capital Federal, Dirección URL: http://www.madres. org/asp/contenido.asp?clave=421 [Consulta: 14 de octubre de 2008].

donde haya un luchador, en las Ligas Agrarias, o donde sea, ahí estamos las Madres, de eso somos las Madres. No elegimos, reivindicamos a todos por igual.[36]

Por otra parte, la defensa de la vida se resignificará también en estos términos. "Luchar por la vida" significará para estas mujeres continuar con la lucha emprendida por los 30.000. Se constituirán en "madres revolucionarias"[37] que, según los valores heredados de sus hijos, lucharán por la liberación de los pueblos, por el trabajo, la dignidad, la salud, la educación y los nuevos desaparecidos del sistema, lo cual lleva a ampliar el significado de la justicia en términos que ya no se agotarán en el pedido de "Juicio y Castigo". De este modo, mediante la subversión del orden, la batalla por los contenidos, la representación de los significados, el amor por la vida, la solidaridad, la defensa del pueblo, la ampliación de prácticas maternales –madres del pueblo y madres revolucionarias–, estas mujeres interpelarán a fuerzas políticas opositoras, organizaciones nacidas en la dictadura y nuevos colectivos producto de los resultados de la lógica instituida bajo el modelo de democracia neoliberal. Sobre esto, señala Hebe de Bonafini:

> siempre decimos, la mejor candidatura nos la dieron nuestros hijos y es ser madre de revolucionarios y es también llegar a poder ser nosotras madres revolucionarias. Y cuando todo el mundo cree que hay una sola forma de revolución,

---

[36] Discurso pronunciado por Hebe de Bonafini, Presidenta de la Asociación Madres de Plaza de Mayo el 27 de enero de 1998. Mar del Plata, Dirección URL: http://www.madres.org/asp/contenido.asp?clave=424 [Consulta: 15 de octubre de 2008].

[37] "Cada día más revolucionarias, cada día más firmes, cada día más fuertes, cada día más seguras de que el único camino es la calle, la plaza, el combate, el piquete, el corte de ruta de verdad, no negociado". Discurso pronunciado por Hebe de Bonafini, Presidenta de la Asociación Madres de Plaza de Mayo el 6 de septiembre de 2001, Capital Federal, Dirección URL: http://www.madres.org/asp/contenido.asp?clave=116 [Consulta: 23 de octubre de 2008]. Al respecto, otra de las Madres declara: "No olvidemos que este triste capítulo de nuestra historia empezó con la siniestra dictadura asesina de 1976. Las Madres, cuando asumimos el compromiso de ser Madres de todos los detenidos desaparecidos, que nos costó a cada una diferentes tiempos, los analizamos mucho. Cuando decidimos levantar sus banderas de lucha y hacernos revolucionarias, sabíamos lo que esto representaba. No hicimos nada sin estar convencidas de ello. Nuestro mayor compromiso es con los 30.000, con su lucha que hicimos nuestra, con el pueblo que está marginado y violentado en sus derechos más elementales. Las Madres sabemos muy bien hacia dónde vamos, estamos seguras de nuestros proyectos. No somos personalistas ni individualistas". Discurso pronunciado por Evel de Petrini, miembro de la Asociación Madres de Plaza de Mayo el 15 de noviembre de 2001, Capital Federal, Dirección URL: http://www.madres.org/asp/contenido.asp?clave=127 [23 de octubre de 2008].

las madres mostramos que hay miles de formas de ser revolucionario, es mejorarse todos los días, es ser solidario,
es amar al otro, amar al otro como si fuéramos nosotros
mismos o más que a nosotros mismos.[38]

En un discurso posterior, Hebe señala:

¿Qué otra cosa es la revolución que el amor a la vida, el
amor al otro, la solidaridad, esta cosa tan increíble que tiene este pueblo? [...] No queremos monumentos póstumos de
la mano de los mismos de aquellos que someten al pueblo
al hambre y la desocupación. No queremos gusanos de la
muerte, queremos vida y la vida sólo viene con la revolución. La solidaridad es revolución, la alegría es revolución,
el amor y la solidaridad es el camino combativo que no hemos dejado nunca. Nadie nos va a poder comprar. Nadie nos
va a poder convencer, porque este es el único camino de los
pueblos.[39]

Por lo tanto, en el período posterior a la dictadura militar, la
oposición vida/muerte enunciada anteriormente por las Madres
continúa presente. La cadena iterativa sigue su proceso y se
extiende hacia nuevas demandas. De este modo, "vida" será
sinónimo de democracia, redistribución de la riqueza, revolución, educación, igualdad, solidaridad, amor, etc., mientras
que "muerte" se desplazará hasta los responsables del gobierno
y el sistema capitalista en general, hasta llegar a ser sinónimo
de hambre, desigualdad, corrupción, pobreza, analfabetismo,
injusticia, enfermedad, exclusión, etc.

Finalmente, la identidad mujer=madre analizada en el capítulo
anterior se amplió en términos de mujer=madre=vida=revolución,

[38] Discurso pronunciado por Hebe de Bonafini, Presidenta de la Asociación Madres de Plaza de Mayo el 24 de marzo de 1995, Neuquén, Dirección URL: http://www.madres.org/asp/contenido.asp?clave=287 [Consulta: 14 de octubre de 2008].

[39] Discurso pronunciado por Hebe de Bonafini, Presidenta de la Asociación Madres de Plaza de Mayo el 1 de mayo de 2000, La Habana, Dirección URL: http://www.madres.org/asp/contenido.asp?clave=428 [Consulta: 16 de agosto de 2008]. En una entrevista realizada al año siguiente Hebe vuelve a expresarse sobre este tema: "Nosotras no cobramos la repa-ración, no hacemos lucha individual sino que socializamos la maternidad, somos madres de todos, reivindicamos a nuestros hijos como revolucionarios y no buscamos cadáveres en los cementerios". Entrevista a Hebe de Bonafini realizada por el diario "El Comer-cio de Ecuador", Ecuador, 2001. Dirección URL: http://www.madres.org/asp/contenido.asp?clave=789 [Consulta: 23 de septiembre de 2008]. Nuevamente aquí ellas se presentan en oposición a la muerte; continúan encarnando el primer término de la oposición vida/muerte.

siendo esto una consecuencia del arrebato de la maternidad del campo de lo natural y lo dado, para llevarla al terreno de lo político, del poder y el antagonismo. Es decir, las MPM corporizaron una lógica política[40] que cuestionó a la dictadura y al modelo implementado durante los '80 y '90 y que se extendió hasta poco después de la crisis de 2001. El objeto inicial de su búsqueda —sus hijos— se redefinió en términos de nuevos desaparecidos y nuevas demandas, mientras que su práctica individual de la maternidad adquirió dimensiones colectivas a partir de la socialización de la maternidad. En pocas palabras, la experiencia de las Madres adquiere significación por cuanto lograron construir para sí una presencia en el espacio público, vaciar de contenido la categoría "madre" y su propia identidad, traducir sus propuestas al lenguaje político y volver, de este modo, comprensible un discurso que no encontró explicación en las prácticas sedimentadas, sino en las fallas y aperturas sobre las que todo orden encuentra un punto de sutura, tal como lo pudimos ver, momentáneo y contingente.

---

[40] Con la categoría "lógica política" estamos haciendo referencia a todas aquellas prácticas que constituyen y cuestionan el campo de lo social, entendiendo este último como un sistema de prácticas sedimentadas. Es decir, las "prácticas gobernadas por la lógica política surgen cuando ocurre una falla o imposibilidad de una estructura social existente, y cuando los sujetos son literalmente forzados a actuar y a identificarse nuevamente. Por ende, las prácticas políticas condicionan y permanecen en el límite de toda práctica social" funcionando como condición de posibilidad e imposibilidad de éstas últimas. HOWARTH, David, *Op. cit.*, pág. 37.

CONCLUSIONES FINALES

Siendo concientes de la diversidad de estudios políticos y sociales acerca de las Madres de Plaza de Mayo, a lo largo del presente libro nos propusimos estudiar a las Madres en intersección con posturas teóricas que nos permitieran avanzar sobre la bibliografía existente. Para esto, enmarcamos nuestro trabajo dentro de la línea de los estudios del lenguaje y la conformación de identidades, tomando como eje el análisis del discurso de la Asociación Madres de Plaza de Mayo durante el período comprendido entre los años 1976 y 2001.

Con el objetivo de reconstruir la paulatina resignificación de la categoría "madre" en el discurso de este movimiento, y analizar las consecuencias que trajo aparejada dicha resignificación en el campo de lo político, particularmente en la distinción público/privado, realizamos una lectura de las Madres que nos llevó a situarlas en su contexto de emergencia y a repensar su discurso en función de la conformación de los procesos hegemónicos de la formación política argentina dictatorial y postdictatorial, a la vez que en sobredeterminación con los demás discursos de cada época.

En una primera instancia, articulamos un marco conceptual sobre la base de la Teoría del Discurso a los fines de abordar el discurso de las Madres desde dicha perspectiva. De esta manera, desarrollamos conceptos claves de análisis tales como lenguaje, performatividad, sujeto, nominación, política e identidad, entre otros. Todos estos conceptos nos permitieron comprender nuestro caso de análisis a partir de una noción discursiva de lo social, en la que todo significado es siempre una construcción contingente y provisoria. Consideramos a todo discurso, entonces, como el terreno mismo de constitución de lo social; un terreno sobre el cual la performatividad del lenguaje actúa *sujetando* a los cuerpos a su contexto de enunciación y dejando espacio, a su vez, para los procesos de agenciación, y por lo tanto, de resignificación y desplazamiento no sólo de las posiciones de los sujetos, sino también de las estructuras semánticas del lenguaje y de las normas e instituciones cristalizadas en el campo de lo social.

En una segunda y tercera instancia, reconstruimos la resignificación de la categoría "madre" en el discurso de las MPM a partir de la diferenciación de dos momentos principales. Un primer momento que tuvo lugar durante aproximadamente los dos primeros años del gobierno de facto, período en el que la performatividad del lenguaje permite a estas mujeres comenzar el desplazamiento que las llevará *de la cocina a la Plaza*. En este momento, las Madres se definen mediante un discurso que las conforma en colectivo y como consecuencia en un movimiento político que constituye su identidad en oposición a la dictadura militar, a cierta distancia de los demás organismos de familiares y Derechos Humanos, en identificación con la maternidad, y en la igualdad mujer=madre. Destacamos, entonces, que la importancia de esta etapa radica en que las Madres resignificaron la categoría que las denomina como tales, a partir de que accionaron a través de las fallas que posee todo orden. Instituyeron un momento de emergencia de lo político que las llevó a situarse en un ámbito al cual no estaban destinadas y que al parecer no pertenecían, es decir, el ámbito público. Demandaron la apropiación de la palabra y el reconocimiento de sus cuerpos en dicho espacio, generaron una nueva articulación entre lo público y lo privado, e interrumpieron el discurso dictatorial con acciones que pusieron de manifiesto la dimensión antagónica de todo orden. Durante este primer momento, no sólo un grupo de mujeres llega a la Plaza para reclamar por la aparición de sus hijos, sino que es la maternidad misma la que irrumpe en el ámbito de lo político, lo cual significa que la maternidad es renombrada por estas mujeres y puesta en un lugar en el que hasta ese entonces había estado invisibilizada. Por lo tanto, el contenido de dicha palabra es redefinido en términos de ampliación no sólo de su espacio de ejercicio, sino además de incorporación de nuevas prácticas y una conjunta redefinición del objeto por el cual se enuncia el término, esto es, sus hijos. En otras palabras, la resignificación de la categoría "madre" en el período de conformación de las Madres de Plaza de Mayo, estuvo significada tanto por el pasaje que las lleva *de la cocina a la Plaza*, como por el vaciamiento del contenido del término y la universalización de su rol. Las Madres se desplaza-ron *de la cocina a la Plaza*, es decir, iniciaron un proceso que las llevó desde la posición "madres amas de casa" a la de "madres de desaparecidos", sin importar ya el vínculo de sangre para definir su nombre y reclamar su denominación.

Ahora bien, este proceso se profundiza en el momento de con-solidación e institucionalización del movimiento de las Madres. A partir de que estas mujeres fueron vistas y reconocidas en la calle, se inician años en los que el rol de denuncia a las violacio-nes a los Derechos Humanos y oposición a los gobiernos dicta-toriales y democráticos se acentúa. En este segundo momento, las Madres continúan vaciando el contenido de su propia lucha e identidad hasta convertirse en "madres revolucionarias", en donde luchar "Por la Vida" significará luchar por el pueblo y por nuevos desaparecidos. Un discurso contrahegemónico es articu-lado mediante la irrupción de nuevas demandas que encontra-rán lugar y respuesta en la lucha de las Madres.

Durante ambos momentos, estas mujeres se constituyeron en un movimiento político que tomó parte en la redefinición de los procesos hegemónicos de la conformación política argentina dictatorial y post-dictatorial. Una vez que las Madres asumieron el sistema represivo que implicó la implementación del Proceso de Reorganización Nacional y la responsabilidad del régimen en las desapariciones y violaciones a los Derechos Humanos, se posicionaron como sujetos de denuncia y oposición. Rol que lejos de abandonarse durante el período de democracia, se pro-fundiza hasta convertir a las Madres en un sitio de resistencia y oposición colectiva a toda forma de represión y violación a los Derechos Humanos. Por lo tanto, los dos momentos discursivos diferenciados a los largo del presente libro, son dos momentos de continuidad respecto al lugar que ocuparán las Madres en la redefinición del orden social. Mediante la corporización de una lógica política capaz de disputar los significados vigentes, estas mujeres instituyeron una distorsión en el orden hegemó-nico dictatorial primero y democrático después, siendo capaz de desplazarse por las fisuras del orden subvirtiéndolo y modificando los límites del mismo, pero siempre sujetadas a su contexto de enunciación. Las Madres construyeron un espacio de respuesta colectiva ante la violencia de la dictadura, formulado en términos de defensa de la "vida" y demanda de "justicia", ya que el proceso por el cual fueron *de la cocina a la Plaza* implicó redefinir el lugar asignado a la mujer-madre en un lugar para reclamar por derechos y exigir justicia.

Si bien durante los dos momentos discursivos las Madres se constituyen en un sitio de resistencia que deja lugar para reclamar por derechos y exigir justicia, encontramos diferencias entre el período de su conformación y el de su posterior consolidación e institucionalización. Las Madres se conforman colectivamente con el objeto de reclamar desde su derecho de madre por el conocimiento del paradero de sus hijos. Pero una vez que la resignificación de la categoría "madre" estuvo en marcha, demandar por derechos implicó reclamar por el "derecho a la vida" y por el "derecho a la verdad" respecto a lo acontecido con los 30.000 desaparecidos. De este modo, la exigencia de justicia estuvo asociada a "Juicio y castigo a los culpables". Ahora bien, en este punto es claramente visible la actuación de las Madres en sobredeterminación con los demás discursos de la época. Durante la dictadura militar y el período de transición democrática el reclamo por los Derechos Humanos estuvo asociado a la figura del desaparecido -tal como se desprende de las consignas de las Madres-, el Otro contra quién se demandaba era la dictadura miliar. Pero una vez llegada la democracia, es decir en su segundo momento, se produce una ampliación de demandas en términos de nuevos derechos. Así, el contenido de los conceptos "Derechos Humanos" y "Justicia" se modifica hasta abarcar nuevos reclamos. Dentro de este marco, las Madres continúan en su rol de oposición, no a la democracia como sistema de gobierno, sino a los gobiernos de turno y a las políticas implementadas por estos. La categoría "madre" continúa desplazándose hasta encontrar su punto de anclaje en la ampliación de su contenido, es decir, las Madres serán las madres de los 30.000, pero además serán las madres del pueblo, las madres de los que reclaman derechos y las madres de los que exigen justicia. Por lo tanto, durante este segundo momento, las MPM actuarán en articulación con una diversidad de colectivos en lucha contra la hegemonía neoliberal de aquel entonces, en el que el lugar para reclamar por derechos y exigir justicia se redefinirá en términos de nuevos derechos que ya no se asociarán sólo a la figura del desaparecido y a la exigencia de justicia para con las violaciones de la dictadura, sino que se ampliará dicho sitio en términos de demanda de educación, trabajo, salud, seguridad, libertad de expresión y reconocimiento de nuevos colectivos. En pocas palabras, la maternidad se define entonces en términos de "Amor por la Vida" implicando aquí, ya no sólo el cuidado y la protección de los hijos, sino también el cuidado y la protección de los cuerpos excluidos o situados al margen de la hegemonía construida durante la democracia.

En síntesis, la categoría "madre" tiene una historia que indefectiblemente constituye con su fuerza citacional al movimiento de las MPM y que además condiciona su accionar en tanto las sujeta a normas sedimentadas a lo largo de la historia. Las madres están sujetas a un discurso que no han elegido y que las posiciona políticamente como sujetos pasivos y las habilita sólo para un determinado rol. Sin embargo, es precisamente este rol de mujeres-madres confinadas a la privacidad del hogar el origen de su conversión en sujetos políticos. Es el mismo discurso patriarcal, cristiano y occidental que las relega a dicha privacidad el que les brinda las condiciones de posibilidad para subvertir el discurso del Proceso de Reorganización Nacional. Por lo tanto, la dependencia inevitable al discurso tradicional que las inaugura como mujeres y más aún como madres se convierte en el origen del movimiento de MPM. Esto es, cumpliendo con el rol de madres, que les han arrebatado a sus hijos, no hacen otra cosa que desplazar la maternidad a un ámbito que no es el de lo privado, y es precisamente la lógica de la maternidad la que les permite a las Madres subvertir desde dentro el discurso oficial.

Las Madres amplían el ámbito de lo público, generan nuevas articulaciones, luchan por el contenido de los términos, pero de ningún modo se proponen romper con los modelos de género instituidos a lo largo de la historia. No obstante, luego del análisis realizado en este TFG, debemos considerar que al desplazar el significado de "madre" las MPM también han desplazado el significado de "mujer". La "maternidad" irrumpe en el ámbito público subvirtiendo sus límites, pero no lo hace sola, el significante "mujer" acompaña dicho proceso resignificando tanto su lugar dentro del orden como su rol dentro del mismo.

Para finalizar, las Madres generaron una batalla semántica en torno al contenido descriptivo del término "madre" que terminó por cuestionar una lógica social acentuada por el PRN, pero instituida mucho antes en nuestra sociedad, trayendo como consecuencia resignificaciones no sólo en el significado de dicha categoría sino también en la configuración del campo de lo social y en la distribución de roles y funciones de los sujetos que forman parte del mismo y de los que se mantienen en sus límites. Analizar el discurso de las Madres de Plaza de Mayo nos permitió poner en evidencia que las luchas discursivas sobre las formas de fijar el significado de un significante como "madre", "vida", "justicia", democracia", "Derechos Humanos", entre otros, son centrales para explicar la semántica política de nuestro mundo político contemporáneo.

Los fundamentos contingentes y por lo tanto inestables de la maternidad, permitieron a estas mujeres salir del ámbito privado y doméstico de la *cocina* para emerger en el ámbito político como sujetos con capacidad de encarnar una lucha por la "Verdad", la "Justicia" y los "Derechos Humanos". Este proceso, también inestable y contingente, parece resignificarse de manera radical poco después de la crisis del año 2001. Será la emergencia del kirchnerismo la encargada de abrir una nueva etapa en el desarrollo de las Madres. Sus reclamos, su lucha, sus conceptos parecerán encontrar eco en un nuevo movimiento que llegará a la presidencia del país articulando un discurso en donde las resignificaciones en el contenido de muchas de las categorías centrales para la lucha de las MPM, como "Derechos Humanos", "pueblo", "democracia", entre otros, pondrán en evidencia el carácter antagónico y contingente de todo orden social. Un tercer momento parece iniciarse para las MPM. Un tercer momento que significará un quiebre con respecto a la historia y trayectoria de la Asociación Madres de Plaza de Mayo. Un tercer momento que marca el fin de nuestro análisis.

BIBLIOGRAFÍA

FUENTES Y COMENTARIOS CRÍTICOS:

ABENSOUR, Miguel [et al.], *Voces de la filosofía francesa contemporánea*, Colihue, Buenos Aires, 2005.

ARDITTI, Benjamín [ed.], *El reverso de la diferencia: identidad y política*, Nueva Sociedad, Venezuela, 2000.

BARRANCOS, Dora, *Mujeres, entre la casa y la plaza*, Sudamericana, Buenos Aires, 2008.

BARRETT, M. y PHILIPS, A., *Desestabilizar la teoría, debates feministas contemporáneos*, Paidós, México, 2002.

BRAVO, Nazareno, "El discurso de la dictadura militar argentina (1976-1983): Definición del opositor político y confinamiento-"valorización" del papel de la mujer en el espacio privado", *Utopía y Praxis Latinoamericana*, Vol.8, N°.22, 2003.

BUENO, Nora, *La mujer latinoamericana en la defensa de los Derechos Humanos*, Tall. Miguel Olivares, Buenos Aires, 1995.

BUTLER, Judith, "Fundamentos contingentes: El feminismo y la cuestión del 'Posmodernismo'", *La Ventana*, N° 13, 2001. Dirección URL: http://www.publicaciones.cucsh.udg.mx/pperiod/laventan/Ventana13/ventana13-1.pdf

_____ *Cuerpos que importan. Sobre los límites materiales y discursivos del "sexo"*, Paidós, Buenos Aires, 2005.

_____ *Deshacer el género*, Paidós, Barcelona, 2006a.

_____ *Vida Precaria. El poder del duelo y la violencia*, Paidós, Buenos Aires, 2006b.

BUTLER, Judith; LACLAU, Ernesto; ZIZEK, Slavoj, *Contingencia, hegemonía, universalidad. Diálogos contemporáneos en la izquierda*, FCE, Buenos Aires, 2004.

CÓRDOBA GARCÍA, David, "Identidad sexual y performatividad", *Atenea Digital*, N° 4, 2003. Dirección URL:

http://www.bib.uab.es/pub/athenea/15788946n4a6.pdf

DERRIDA, Jacques, "La democracia como promesa", Entrevista de Elena Fernández con Jaques Derrida, Jornal de Letras, Artes e Ideias, 1994. Dirección URL:

http://www.infoamerica.org/documentos_pdf/derrida02.pdf

DUSSEL, Inés; FINOCCHIO, Silvia; GOJMAN Silvia, *Haciendo memoria en el país del Nunca Más*, Eudeba, Buenos Aires, 1997.

FEMENÍAS, María Luisa, *Judith Butler: Una introducción a su lectura*, Catálogos, Buenos Aires, 2003.

FRASER, Nancy, *Iustitia Interrupta. Reflexiones críticas desde la posición "postsocialista"*, Siglo del Hombre Editores, Universidad de los Andes, Facultad de Derecho, Bogotá, 1997.

FRONTALINI, Daniel y María Cristina CAIATI, *El mito de la guerra sucia*, Cels, Buenos Aires, 1984.

GAMBA, Susana (Coord.), *Diccionario de estudios de género y feminismos*, Biblos, Buenos Aires, 2007.

GORINI, Ulises, *La rebelión de las Madres. Historia de las Madres de Plaza de Mayo*, Tomo I (1976-1983), Norma, Buenos Aires, 2006.

HOWARTH, David, "Aplicando la Teoría del Discurso: el método de la Articulación", *Revista Studia Politicae*, N° 6, 2005.

KERZ, Mercedes; Santiago LEIRAS, "Que veinte años no es nada... Algunas reflexiones en torno a los difíciles tiempos de la democracia argentina", *Revista SAAP* Vol. 1, N° 3, 2004.

LACLAU, Ernesto y Chantal MOUFFE, *Hegemonía y Estrategia Socialista*, Siglo XXI, Madrid, 1987.

LACLAU, Ernesto, "Prefacio". En: ZIZEK, Slavoj, *El Sublime objeto de la ideología*, Siglo XXI, Buenos Aires, 2003.

_____ *Nuevas reflexiones sobre la revolución de nuestro tiempo*, Nueva Visión, Buenos Aires, 1993.

_____ *Emancipación y diferencia*, Ariel, Buenos Aires, 1996.

_____ *Misticismo, retórica y política*, Fondo de Cultura Económica, Buenos Aires, 2006.

LAMAS, Marta, "La radicalización democrática feminista", en: *El reverso de la diferencia. Identidad y política*. ARDITTI, Benjamín (Editor), Nueva Sociedad, Venezuela, 2000.

LEFORT, Claude, *La invención democrática*, Nueva Visión, Buenos Aires, 1990.

MARCHART, Oliver, *El pensamiento político posfundacional: la diferencia política en Nancy, Lefort, Badiou y Laclau*, Fondo de Cultura Económica, Buenos Aires, 2009.

MOUFFE, Chantal, *El Retorno de lo Político*, Paidós, Buenos Aires, 1999.

_____*La paradoja democrática*, Gedisa, Barcelona, 2003.

_____ *En torno a lo político*, Fondo de Cultura Económica, Buenos Aires, 2009.

MUÑOZ, María Antonia, "Lo político como comunicación distorsionada. Una lectura sobre Jacques Rancière", 2005. Dirección URL: http://www.ciudadpolitica.com/modules/news/article.php?storyid=57

PATEMAN, Carole, *El contrato sexual*, Anthropos, Barcelona, 1995.

PERETTI DELLA ROCCA, Cristina, *Jacques Derrida: texto y deconstrucción*, Anthropos, Barcelona, 1989.

PINEDA, Empar, "El discurso de la diferencia. El discurso de la igualdad" en *Nuevas perspectivas sobre la mujer*, Instituto Universitario de la Mujer, Ediciones de la Universidad Autónoma de Madrid, España, 1994.

QUIROGA, Jorge, Prefacio. "Historia de las Madres. Las Madres en primera persona". Conferencia pronunciada por Hebe de Bonafini, Presidenta de la Asociación Madres de Plaza de Mayo, el 6 de julio de 1988 en la ciudad de Buenos Aires, 1998. Dirección URL:

http://www.madres.org/asp/contenido.asp?clave=2373 [Consulta: 14 de octubre de 2008].

RABOTNIKOF, N., "Público-Privado", *Debate Feminista*, año 9, vol. 18, México, octubre 1998.

RANCIÈRE, Jacques, *El Desacuerdo. Política y Filosofía*, Nueva Visión, Buenos Aires, 1996.

_____*El odio a la democracia*, Amorrortu, Buenos Aires, 2006a.

_____"El nuevo odio a la democracia". Conferencia pronunciada en la Universidad Internacional de Andalucía, Sevilla, 2006b. Dirección URL:

http://www.unia.es/arteypensamiento/ezine/ezine12_2006/oct02.html

RIVERA GARRETAS, María Milagros, *Nombrar el mundo en femenino. Pensamiento de las mujeres y teoría feminista*, ICARIA, Barcelona, 1998.

DOCUMENTOS, ENTREVISTAS Y DISCURSOS:

Asociación Madres de Plaza de Mayo, "Historia de las Madres. Acciones, acontecimientos y luchas hasta el año 1995". Dirección URL:

http://www.madres.org/asp/contenido.asp?clave=2379
[Consulta: 11 de julio de 2008].

_____"Historia de las Madres. Acciones, acontecimientos y luchas del año 1996". Dirección URL:

http://www.madres.org/asp/contenido.asp?clave=2374
[Consulta: 11 de julio de 2008].

_____"Historia de las Madres. Acciones, acontecimientos y luchas del año 1997". Dirección URL:

http://www.madres.org/asp/contenido.asp?clave=2375
[Consulta: 11 de julio de 2008].

_____"Historia de las Madres. Acciones, acontecimientos y luchas del año 1998". Dirección URL:

http://www.madres.org/asp/contenido.asp?clave=2376
[Consulta: 11 de julio de 2008]

_____"Historia de las Madres. Acciones, acontecimientos y luchas del año 1999". Dirección URL:

http://www.madres.org/asp/contenido.asp?clave=2377
[Consulta: 11 de julio de 2008].

_____"Historia de las Madres. Acciones, acontecimientos y luchas del año 2000". Dirección URL:

http://www.madres.org/asp/contenido.asp?clave=2378
[Consulta: 11 de julio de 2008].

BONAFINI, Hebe, "Historia de las Madres. Las Madres en primera persona". Conferencia pronunciada el 6 de julio en Capital Federal, 1988. Dirección URL:

http://www.madres.org/asociacion/historia/historia.asp
[Consulta: 14 de octubre de 2008].

Comunicado N° 1 de la Agencia del Comandante General Teniente Coronel del Ejército Jorge Rafael Videla, emitido el 24

de marzo de 1976 por Cadena Nacional. Dirección URL: http://
www.elhistoriador.com.ar/articulos/dictadura/primeras_
medidas_de_la_junta_militar.php

Discurso pronunciado por el Teniente General Jorge Rafael
Videla, marzo de 1976, Capital Federal. Dirección URL:

http://www.lapropaladora.com.ar/?p=322 [Consulta: 13 de
enero de 2009].

Discurso pronunciado por Hebe de Bonafini, Presidenta de la
Asociación Madres de Plaza de Mayo, el 8 de octubre de 1988 en
Buenos Aires. Disponible en:

http://www.madres.org/asp/contenido.asp?clave=283
[Consulta: 14 de octubre de 2008].

Discurso pronunciado por Hebe de Bonafini, Presidenta de la
Asociación Madres de Plaza de Mayo el 8 de diciembre de 1994
en el acto de cierre de la 14° Marcha de la Resistencia, Capital
Federal, Dirección URL:

http://www.madres.org/asp/contenido.asp?clave=413
[Consulta: 14 de octubre de 2008].

Discurso pronunciado por Hebe de Bonafini, Presidenta de la
Asociación Madres de Plaza de Mayo en marzo de 1995 en la
Facultad de Derecho de la UBA. Capital Federal, Dirección
URL: http://www.madres.org/asp/contenido.asp?clave=420
[Consulta: 14 de octubre de 2008].

Discurso pronunciado por Hebe de Bonafini, Presidenta de la
Asociación Madres de Plaza de Mayo el 24 de marzo de 1995,
Neuquén, Dirección URL:

http://www.madres.org/asp/contenido.asp?clave=287
[Consulta: 14 de octubre de 2008].

Discurso pronunciado por Hebe de Bonafini, Presidenta de la
Asociación Madres de Plaza de Mayo el 7 de junio de 1995. La
Plata, Dirección URL:

http://www.madres.org/asp/contenido.asp?clave=411
[Consulta: 14 de octubre de 2008].

Discurso pronunciado por Hebe de Bonafini, Presidenta de la Asociación Madres de Plaza de Mayo el 10 de octubre de 1995 en la Facultad de Periodismo de la universidad de la Plata. La Plata, Dirección URL:

http://www.madres.org/asp/contenido.asp?clave=439
[Consulta: 14 de octubre de 2008].

Discurso pronunciado por Hebe de Bonafini, Presidenta de la Asociación Madres de Plaza de Mayo en diciembre de 1996 en el acto de cierre de la 16° Marcha de la Resistencia. Capital Federal, Dirección URL:

http://www.madres.org/asp/contenido.asp?clave=779
[Consulta: 14 de octubre de 2008].

Discurso pronunciado por Hebe de Bonafini, Presidenta de la Asociación Madres de Plaza de Mayo el 7 de febrero de 1997, Mar del Plaza, Dirección URL:

http://www.madres.org/asp/contenido.asp?clave=412
[Consulta: 14 de octubre de 2008].

Discurso pronunciado por Hebe de Bonafini, Presidenta de la Asociación Madres de Plaza de Mayo el 11 de octubre de 1997. Capital Federal, Dirección URL:

http://www.madres.org/asp/contenido.asp?clave=421
[Consulta: 14 de octubre de 2008].

Discurso pronunciado por Hebe de Bonafini, Presidenta de la Asociación Madres de Plaza de Mayoel 12 de octubre de 1997. Capital Federal, Dirección URL:

http://www.madres.org/asp/contenido.asp?clave=422
[Consulta: 15 de octubre de 2008].

Discurso pronunciado por Hebe de Bonafini, Presidenta de la Asociación Madres de Plaza de Mayo el 4 de diciembre de 1997 en el acto de cierre de la 17º Marcha de la Resistencia, Capital Federal, Dirección URL:

http://www.madres.org/asp/contenido.asp?clave=423
[Consulta: 15 de octubre de 2008].

Discurso pronunciado por Hebe de Bonafini, Presidenta de la Asociación Madres de Plaza de Mayo el 27 de enero de 1998, Mar del Plata, Dirección URL:

http://www.madres.org/asp/contenido.asp?clave=424
[Consulta: 15 de octubre de 2008].

Discurso pronunciado por Hebe de Bonafini, Presidenta de la Asociación Madres de Plaza de Mayo el 5 de febrero de 1998, Capital Federal, Dirección URL:

http://www.madres.org/asp/contenido.asp?clave=87
[Consulta: 15 de octubre de 2008].

Discurso pronunciado por Hebe de Bonafini, Presidenta de la Asociación Madres de Plaza de Mayo el 12 de febrero de 1998, Capital Federal, Dirección URL:

http://www.madres.org/asp/contenido.asp?clave=89
[Consulta: 15 de octubre de 2008].

Discurso pronunciado por Mercedes Meroño, miembro de la Asociación Madres de Plaza de Mayo el 19 de marzo de 1998, Capital Federal, Dirección URL:

http://www.madres.org/asp/contenido.asp?clave=91
[Consulta: 15 de octubre de 2008].

Discurso pronunciado por Hebe de Bonafini, Presidenta de la Asociación Madres de Plaza de Mayo el 24 de marzo de 1998, Rosario, Dirección URL:

http://www.madres.org/asp/contenido.asp?clave=425
[Consulta: 15 de octubre de 2008].

Discurso pronunciado por Mercedes Meroño, miembro de la Asociación Madres de Plaza de Mayo el 16 de abril de 1998, Capital Federal, Dirección URL:

http://www.madres.org/asp/contenido.asp?clave=92
[Consulta: 15 de octubre de 2008].

Discurso pronunciado por Evel de Petrini, miembro de la Asociación Madres de Plaza de Mayo el 23 de abril de 1998, Capital Federal, Dirección URL:

http://www.madres.org/asp/contenido.asp?clave=93
[Consulta: 15 de octubre de 2008].

Discurso pronunciado por Evel de Petrini, miembro de la Asociación Madres de Plaza de Mayo el 14 de mayo de 1998, Capital Federal, Dirección URL:

http://www.madres.org/asp/contenido.asp?clave=94
[Consulta: 15 de octubre de 2008].

Discurso pronunciado por Hebe de Bonafini, Presidenta de la Asociación Madres de Plaza de Mayo el 30 de mayo de 1998, Capital Federal, Dirección URL:

http://www.madres.org/asp/contenido.asp?clave=426
[Consulta: 15 de octubre de 2008].

Discurso pronunciado por Hebe de Bonafini, Presidenta de la Asociación Madres de Plaza de Mayo el 11 de junio de 1998, Capital Federal, Dirección URL:

http://www.madres.org/asp/contenido.asp?clave=96
[Consulta: 15 de octubre de 2008].

Discurso pronunciado por Mercedes Meroño, miembro de la Asociación Madres de Plaza de Mayo el 18 de junio de 1998, Capital Federal, Dirección URL:

http://www.madres.org/asp/contenido.asp?clave=98
[Consulta: 15 de octubre de 2008].

Discurso pronunciado por Hebe de Bonafini, Presidenta de la Asociación Madres de Plaza de Mayo el 10 de diciembre de 1998 en el acto de cierre de la 18° Marcha de la Resistencia, Capital Federal, Dirección URL:

http://www.madres.org/asp/contenido.asp?clave=427
[Consulta: 15 de octubre de 2008].

Discurso pronunciado por Hebe de Bonafini, Presidenta de la Asociación Madres de Plaza de Mayo el 1 de mayo de 2000, La Habana, Cuba. Dirección URL:

http://www.madres.org/asp/contenido.asp?clave=428
[Consulta: 16 de octubre de 2008].

Discurso pronunciado por Evel de Petrini, miembro de la Asociación Madres de Plaza de Mayo el 14 de diciembre de 2000, Capital Federal, Dirección URL:

http://www.madres.org/asp/contenido.asp?clave=99
[Consulta: 22 de octubre de 2008].

Discurso pronunciado por Hebe de Bonafini, Presidenta de la Asociación Madres de Plaza de Mayo el 21 de diciembre de 2000, Capital Federal, Dirección URL:

http://www.madres.org/asp/contenido.asp?clave=102
[Consulta: 22 de octubre de 2008].

Discurso pronunciado por Evel de Petrini, miembro de la Asociación Madres de Plaza de Mayo el 28 de diciembre de 2000, Capital Federal, Dirección URL:

http://www.madres.org/asp/contenido.asp?clave=2988
[Consulta: 22 de octubre de 2008].

Discurso pronunciado por Hebe de Bonafini, Presidenta de la Asociación Madres de Plaza de Mayo el 4 de enero de 2001, Capital Federal, Dirección URL:

http://www.madres.org/asp/contenido.asp?clave=105
[Consulta: 22 de octubre de 2008].

Discurso pronunciado por Evel de Petrini, miembro de la Asociación Madres de Plaza de Mayo el 21 de junio de 2001, Capital Federal, Dirección URL:

http://www.madres.org/asp/contenido.asp?clave=107 [Consulta: 22 de octubre de 2008].

Discurso pronunciado por Hebe de Bonafini, Presidenta de la Asociación Madres de Plaza de Mayo el 5 de julio de 2001, Capital Federal, Dirección URL:

http://www.madres.org/asp/contenido.asp?clave=108 [Consulta: 22 de octubre de 2008].

Discurso pronunciado por Hebe de Bonafini, Presidenta de la Asociación Madres de Plaza de Mayo el 12 de julio de 2001, Capital Federal, Dirección URL:

http://www.madres.org/asp/contenido.asp?clave=109 [Consulta: 22 de octubre de 2008].

Discurso pronunciado por Mercedes Meroño, miembro de la Asociación Madres de Plaza de Mayo el 26 de julio de 2001, Capital Federal, Dirección URL:

http://www.madres.org/asp/contenido.asp?clave=113 [Consulta: 22 de octubre de 2008].

Discurso pronunciado por Mercedes Meroño, miembro de la Asociación Madres de Plaza de Mayo el 2 de agosto de 2001, Capital Federal, Dirección URL:

http://www.madres.org/asp/contenido.asp?clave=114 [Consulta: 22 de octubre de 2008].

Discurso pronunciado por Hebe de Bonafini, Presidenta de la Asociación Madres de Plaza de Mayo el 9 de agosto de 2001, Capital Federal, Dirección URL:

http://www.madres.org/asp/contenido.asp?clave=115 [Consulta: 22 de octubre de 2008].

Discurso pronunciado por Hebe de Bonafini, Presidenta de la Asociación Madres de Plaza de Mayo el 6 de septiembre de 2001, Capital Federal, Dirección URL:

http://www.madres.org/asp/contenido.asp?clave=116
[Consulta: 23 de octubre de 2008].

Discurso pronunciado por Mercedes Meroño, miembro de la Asociación Madres de Plaza de Mayo el 13 de septiembre de 2001, Capital Federal, Dirección URL:

http://www.madres.org/asp/contenido.asp?clave=117
[Consulta: 23 de octubre de 2008].

Discurso pronunciado por Hebe de Bonafini, Presidenta de la Asociación Madres de Plaza de Mayo el 20 de septiembre de 2001, Capital Federal, Dirección URL:

http://www.madres.org/asp/contenido.asp?clave=118
[Consulta: 23 de octubre de 2008].

Discurso pronunciado por Hebe de Bonafini, Presidenta de la Asociación Madres de Plaza de Mayo el 27 de septiembre de 2001, Capital Federal, Dirección URL:

http://www.madres.org/asp/contenido.asp?clave=119
[Consulta: 23 de octubre de 2008].

Discurso pronunciado por Hebe de Bonafini, Presidenta de la Asociación Madres de Plaza de Mayo el 4 de octubre de 2001, Capital Federal, Dirección URL:

http://www.madres.org/asp/contenido.asp?clave=120
[Consulta: 23 de octubre de 2008].

Discurso pronunciado por Evel de Petrini, miembro de la Asociación Madres de Plaza de Mayo el 11 de octubre de 2001, Capital Federal, Dirección URL:

http://www.madres.org/asp/contenido.asp?clave=121
[Consulta: 23 de octubre de 2008].

Discurso pronunciado por Evel de Petrini, miembro de la Asociación Madres de Plaza de Mayo el 18 de octubre de 2001, Capital Federal, Dirección URL:

http://www.madres.org/asp/contenido.asp?clave=122
[Consulta: 23 de octubre de 2008].

Discurso pronunciado por Hebe de Bonafini, Presidenta de la Asociación Madres de Plaza de Mayo el 25 de octubre de 2001, Capital Federal, Dirección URL:

http://www.madres.org/asp/contenido.asp?clave=124
[Consulta: 23 de octubre de 2008].

Discurso pronunciado por Hebe de Bonafini, Presidenta de la Asociación Madres de Plaza de Mayo el 1 de noviembre de 2001, Capital Federal, Dirección URL:

http://www.madres.org/asp/contenido.asp?clave=125
[Consulta: 23 de octubre de 2008].

Discurso pronunciado por Evel de Petrini, miembro de la Asociación Madres de Plaza de Mayo el 8 de noviembre de 2001, Capital Federal, Dirección URL:

http://www.madres.org/asp/contenido.asp?clave=126
[Consulta: 23 de octubre de 2008].

Discurso pronunciado por Evel de Petrini, miembro de la Asociación Madres de Plaza de Mayo el 15 de noviembre de 2001, Capital Federal, Dirección URL:

http://www.madres.org/asp/contenido.asp?clave=127
[Consulta: 23 de octubre de 2008].

Discurso pronunciado por Hebe de Bonafini, Presidenta de la Asociación Madres de Plaza de Mayo el 22 de noviembre de 2001, Capital Federal, Dirección URL:

http://www.madres.org/asp/contenido.asp?clave=120
[Consulta: 23 de octubre de 2008].

Discurso pronunciado por Hebe de Bonafini, Presidenta de la Asociación Madres de Plaza de Mayo el 24 de mayo de 2002, Capital Federal, Dirección URL:

http://www.madres.org/asp/contenido.asp?clave=430 [Consulta: 16 de octubre de 2008].

Discurso pronunciado por Hebe de Bonafini, Presidenta de la Asociación Madres de Plaza de Mayo el 26 de julio de 2002, Capital Federal, Dirección URL:

http://www.madres.org/asp/contenido.asp?clave=431 [Consulta: 16 de octubre de 2008].

Discurso pronunciado por Hebe de Bonafini, Presidenta de la Asociación Madres de Plaza de Mayo el 29 de marzo de 2003, Neuquén. Dirección URL:

http://www.madres.org/asp/contenido.asp?clave=433 [Consulta: 17 de octubre de 2008].

Discurso pronunciado por Hebe de Bonafini, Presidenta de la Asociación Madres de Plaza de Mayo el 3 de julio de 2003, Capital Federal, Dirección URL:

http://www.madres.org/asp/contenido.asp?clave=454 [Consulta: 17 de octubre de 2008].

Discurso pronunciado por Hebe de Bonafini, Presidenta de la Asociación Madres de Plaza de Mayo el 4 de octubre de 2007, Capital federal, Dirección URL: http://www.madres.org/asociacion/publicaciones/publicaciones.asp [Consulta: 16 de octubre de 2008].

Discurso pronunciado por Hebe de Bonafini, Presidenta de la Asociación Madres de Plaza de Mayo el 31 de enero de 2008, Capital Federal, Dirección URL:

http://www.madres.org/asociacion/showit.asp?act=9 [Consulta: 17 de octubre de 2008].

Discurso pronunciado por Hebe de Bonafini, Presidenta de la Asociación Madres de Plaza de Mayo el 25 de diciembre de 2008, Capital Federal, Dirección URL:

http://www.madres.org/asp/contenido.asp?clave=3488 [Consulta: 23 de octubre de 2008].

Discurso pronunciado por Hebe de Bonafini, Presidenta de la Asociación Madres de Plaza de Mayo el 16 de octubre de 2008, Capital Federal, Dirección URL:

http://www.madres.org/asp/contenido.asp?clave=3419 [Consulta: 23 de octubre de 2008].

Entrevista a Hebe de Bonafini (Parte I), Buenos Aires, 1988. Dirección URL: http://www.madres.org/asp/contenido. asp?clave=786 [Consulta: 23 de septiembre de 2008].

Entrevista a Hebe de Bonafini (Parte II), Buenos Aires, 1988. Dirección URL: http://www.madres.org/asp/contenido. asp?clave=785 [Consulta: 23 de septiembre de 2008].

Entrevista a Hebe de Bonafini (Parte III), Buenos Aires, 1988. Dirección URL: http://www.madres.org/asp/contenido. asp?clave=784 [Consulta: 23 de septiembre de 2008].

Entrevista a Hebe de Bonafini realizada por ELIZALDE, Rosa Miriam (Periodista - Cuba), Buenos Aires, 1998. Dirección URL: http://www.madres.org/asp/contenido.asp?clave=787 [Consulta: 23 de septiembre de 2008].

Entrevista a Hebe de Bonafini realizada por el diario "El Comercio de Ecuador", Ecuador, 2001. Dirección URL: http://www.madres.org/asp/contenido.asp?clave=789 [Consulta: 23 de septiembre de 2008].

Entrevista a Hebe de Bonafini realizada por "Radio Zapote", México, 2001. Dirección URL: http://www.madres.org/asp/contenido.asp?clave=788 [Consulta: 23 de septiembre de 2008].

Entrevista a Hebe de Bonafini realizada por IRAMAIN, Luis y NIELSEN, Gerardo (UBA), Buenos Aires, 12 de febrero de 2002. Dirección URL:

http://www.madres.org/asp/contenido.asp?clave=793 [Consulta: 23 de septiembre de 2008].

Entrevista a Hebe de Bonafini realizada por AZNÁREZ, C. (Resumen Latinoamericano), Buenos Aires, 2002. Dirección URL: http://www.madres.org/asp/contenido.asp?clave=795 [Consulta: 23 de septiembre de 2008].

Entrevista a Hebe de Bonafini realizada por miembros de "lavaca.org", Buenos Aires, 2006. Dirección URL: http://www.madres.org/asp/contenido.asp?clave=1507 [Consulta: 23 de septiembre de 2008].

Entrevista a Hebe de Bonafini realizada por MOISÉS, Raquel (Periodista - Brasil), Buenos aires, 2006. Dirección URL: http://www.madres.org/asp/contenido.asp?clave=2064 [Consulta: 23 de septiembre de 2008].

Entrevista a Hebe de Bonafini realizada por DI MARCO, Graciela (UNSAM). Edición: Alejandra Brener, Buenos Aires, 2007. Dirección URL: www.unsam.edu.ar/escuelas/posgrado/centro_educ/bonafini.pdf [Consulta: 15 de agosto de 2008].

Entrevista a Nora Cortiñas (Madre de Plaza de Mayo Línea fundadora) realizada por Graciela Di Marco (UNSAM). En: LEBÓN, Natalie; MAIER, Elizabeth; LYNN BOLLES, Augusta, *De lo privado a lo público: 30 años de lucha ciudadana de las mujeres en América Latina*, Siglo XXI, México, 2007.